ASSOCIATION NATIONALE FRANÇAISE
POUR LA
PROTECTION LÉGALE DES TRAVAILLEURS
(Section du Nord)
SIXIÈME SÉRIE

I

La Réglementation Légale de la Durée du Travail des Employés

RAPPORT DE M. EDGARD DEPITRE

Professeur Agrégé à la Faculté de Droit de l'Université de Lille

II

La Réduction du Nombre des Enfants employés la Nuit dans les Verreries

RAPPORT DE M. LEVÊQUE

Inspecteur Départemental du Travail à Douai

Compte rendu des Discussions. - Vœux adoptés.

PRIX : 1 fr. 50

PARIS

FÉLIX ALCAN, ÉDITEUR
Librairies Félix Alcan & Guillaumin réunies
Boulevard Saint-Germain, 108

Librairie de la Société du Recueil J.-B. SIREY et du Journal du Palais
Ancne Mon L. Larose et Forcel
22, rue Soufflot, PARIS Ve
L. LAROSE & L. TENIN, Directeurs

1911

Membres du Comité de la Section du Nord

de l'Association nationale Française pour la Protection légale des Travailleurs

MM.

Dassonville, Président du Tribunal Civil, PRÉSIDENT ;
Delaune, Industriel, ancien Député du Nord, VICE-PRÉSIDENT ;
Dron, Député du Nord, Maire de Tourcoing, VICE-PRÉSIDENT ;
Aftalion, Professeur à la Faculté de droit, SECRÉTAIRE-GÉNÉRAL ;
Labbé, Inspecr général de l'Enseignement Technique, TRÉSORIER ;
Bargeron, Inspecteur du travail, SECRÉTAIRE DES SÉANCES ;
Basly, Député, Maire de Lens ;
Barrois Th., Professeur à la Faculté de Médecine ;
Bersez, Sénateur, Maire de Cambrai ;
Bigo-Danel, Président de la Société Industrielle ;
Bommart, Filateur de lin ;
Bondues, Délégué de la Fédération locale des Syndicats ouvriers de Lille ;
Boulin, Inspecteur divisionnaire du travail ;
Coolen, Délégué de la Fédération locale des Syndicats ouvriers de Lille ;
Cnude, Secrétaire du Syndicat ouvrier de l'Industrie textile de Lille ;
Dansette, Député du Nord ;
Delesalle, Filateur de lin, Maire de Lille ;
Delory, Député du Nord ;
Demogue, Professeur à la Faculté de droit ;
Depitre E., Professeur à la Faculté de Droit ;
Dubron, Avocat à la Cour d'Appel de Douai ;
Ernoult-Taffin, Président de l'Association des Industriels du Nord de la France ;
Goniaux, Député du Nord ;
Guérin, Président honoraire du Syndicat des Filateurs de lin ;
De Lauwereyns, Avocat ;
Leclercq, Président du Syndicat démocrate chrétien de la Métallurgie ;
Lefèvre, Doyen de la Faculté des Lettres ;
Lemire (Abbé), Député du Nord ;
Lyon, Recteur de l'Académie ;
Masson, Président du Syndicat des Typographes de Lille ;
Motte Eug., Maire de Roubaix ;
Potié A., Sénateur, Maire d'Haubourdin ;
Pilon, Doyen de la Faculté de droit ;
Saint-Venant, Secrétaire de la Fédération locale des Syndicats ouvriers de Lille ;
Vancauwenberghe, Industriel, Maire de Saint-Pol-sur-Mer ;
Vanlaer, Professeur à la Faculté libre de Droit ;
Villard J., Industriel, Adjoint au Maire d'Armentières ;
Welhoff, Receveur Municipal.

ASSOCIATION NATIONALE FRANÇAISE
POUR LA
PROTECTION LÉGALE DES TRAVAILLEURS
(Section du Nord)

SIXIÈME SÉRIE BIS

I

La Réglementation Légale de la Durée du Travail des Employés

RAPPORT DE M. EDGARD DEPITRE
Professeur Agrégé à la Faculté de Droit de l'Université de Lille

II

La Réduction du Nombre des Enfants employés la Nuit dans les Verreries

RAPPORT DE M. LEVÊQUE
Inspecteur Départemental du Travail à Douai

Compte rendu des Discussions. - Vœux adoptés.

PRIX : 1 fr. 50

PARIS

FÉLIX ALCAN, ÉDITEUR
Librairies Félix Alcan & Guillaumin réunies
Boulevard Saint-Germain, 108

Librairie de la Société du Recueil J.-B. Sirey et du Journal du Palais
Ancne Mon L. Larose et Forcel
22, rue Soufflot, PARIS Ve
L. LAROSE & L. TENIN, Directeurs

1911

Membres du Comité de la Section du Nord de l'Association Nationale Française pour la Protection légale des travailleurs

MM.

[illegible], Président du Tribunal civil, PRÉSIDENT ;
[illegible], ancien Député du Nord, VICE-PRÉSIDENT ;
[illegible], Député du Nord, Maire de Tourcoing, VICE-PRÉSIDENT ;
[illegible], Professeur à la Faculté de droit, SECRÉTAIRE GÉNÉRAL ;
[illegible], Inspecteur de l'enseignement technique, TRÉSORIER ;
[illegible], Inspecteur du travail, [illegible] ;
[illegible], Député, Maire de [illegible] ;
[illegible], Professeur à la Faculté de Médecine ;
[illegible], Sénateur, Maire de Cambrai ;
[illegible], Président de la Société industrielle ;
[illegible] ;
[illegible], Délégué de la Fédération locale des Syndicats ouvriers de Lille ;
[illegible], Inspecteur divisionnaire du travail ;
[illegible], Délégué de la Fédération locale des Syndicats ouvriers de Lille ;
[illegible], Secrétaire du Syndicat ouvrier de l'industrie textile de Lille ;
[illegible], Député du Nord ;
[illegible], Maire de Lille ;
[illegible], Député du Nord ;
[illegible], Professeur à la Faculté de droit ;
[illegible], Professeur à la Faculté de Droit ;
[illegible], Recteur de l'Académie de Douai ;
[illegible], Vice-Président de l'Association des Industriels du Nord de la France ;
[illegible], Député du Nord ;
[illegible], Président honoraire du Syndicat des Filateurs de lin ;
[illegible], Avocat ;
[illegible], Président du Syndicat [illegible] chrétien de la Métallurgie ;
[illegible], Doyen de la Faculté des Lettres ;
[illegible] (Abbé), Député du Nord ;
[illegible], Recteur de l'Académie ;
[illegible], Président du Syndicat [illegible] de Lille ;
[illegible], Maire de Roubaix ;
[illegible], Maire d'[illegible] ;
[illegible], Doyen de la Faculté [illegible] ;
[illegible], Secrétaire de la Fédération locale des Syndicats ouvriers de Lille ;
[illegible], Maire de [illegible] ;
[illegible], Professeur à la Faculté de Droit ;
[illegible] ;
[illegible].

ASSOCIATION NATIONALE FRANÇAISE
POUR LA
PROTECTION LÉGALE DES TRAVAILLEURS
(Section du Nord)

SIXIÈME SÉRIE BIS

I

La Réglementation Légale de la Durée du Travail des Employés

RAPPORT DE M. EDGARD DEPITRE
Professeur Agrégé à la Faculté de Droit de l'Université de Lille

II

La Réduction du Nombre des Enfants employés la Nuit dans les Verreries

RAPPORT DE M. LEVÊQUE
Inspecteur Départemental du Travail à Douai

Compte rendu des Discussions. - Vœux adoptés.

PRIX : 1 fr. 50

PARIS

FÉLIX ALCAN, ÉDITEUR
Librairies Félix Alcan & Guillaumin réunies
Boulevard Saint-Germain, 108

Librairie de la Société du Recueil J.-B. SIREY
et du Journal du Palais
Ancne Mon L. Larose et Forcel
22, rue Soufflot, PARIS Ve
L. LAROSE & L. TENIN, Directeurs

1911

LA RÉGLEMENTATION LÉGALE

DE LA

DURÉE DU TRAVAIL DES EMPLOYÉS

RAPPORT

présenté par M. EDGARD DEPITRE [1]

La question qui vous est soumise est loin d'être entièrement nouvelle. Dès la première année de sa constitution, l'Association nationale française pour la protection légale des travailleurs se proposait l'étude de la *Protection légale de l'Employé et de la Réglementation du Travail des magasins*, et M. A. Artaud, dans son rapport, se plaçait presque exclusivement au point de vue de la *durée* du travail comme nous allons le faire nous-mêmes. Plus récemment, dans un rapport général sur la *Limitation légale de la journée de travail en France*, également présenté à notre Association, M. R. Jay montrait avec une grande vigueur les lacunes de la législation actuelle et signalait notamment qu'aucune règle ne vient limiter la durée du travail des employés de commerce. Et je pourrais, en dehors de nos travaux, vous énumérer toute une longue liste de discussions, de documents, de rapports qui, tous, posent la question de la durée du travail pour les employés, et dont les

(1) Rapport présentée à la séance du 13 décembre 1910.

conclusions, — les conclusions de principe tout au moins, — sont, comme nous le verrons, très sensiblement les mêmes.

La Section du Nord a cru cependant pouvoir remettre cette question à l'étude : c'est qu'aussi bien jamais elle ne fut plus actuelle. Songez à certaines grèves récentes, à l'agitation des préparateurs en pharmacie, à toute cette campagne d'affiches et de conférences de l'hiver dernier, aux résolutions votées dans les derniers Congrès par la Fédération des Employés. D'autre part, il faut signaler la déposition du projet de loi Viviani, 7 juillet 1910, tendant à établir un repos ininterrompu, pour le personnel des magasins et bureaux, proposition succédant au projet général Doumergue qui prévoyait déjà une réglementation de la journée de travail des employés. Au moment où l'on peut espérer voir sanctionné par le législateur un vœu dont notre Association a été des premières à prendre l'initiative, il n'est pas sans intérêt de soumettre à l'examen les différentes solutions proposées. C'est donc surtout **sur ces solutions** qu'il convient d'insister : et l'on peut être bref sur le **principe même** de la réglementation, sa nécessité ne faisant plus, pour ainsi dire, de doute pour personne.

I. — Nécessité de la Réglementation

Qu'on le veuille ou non, qu'on l'accepte de plein gré ou qu'on y voie au contraire la source d'une infinité d'inconvénients économiques et sociaux, la limitation légale de la journée de travail n'en est pas moins aujourd'hui un fait acquis pour certaines catégories importantes de salariés. On sait que les femmes, les enfants et adolescents de moins de 18 ans ne peuvent plus, en règle générale, depuis *le 1er Avril 1904*, être employés plus de 10 heures par jour dans les usines, manufactures, mines, chantiers ou ateliers.

Les hommes adultes qui travaillent dans les mêmes locaux que les femmes et les mineurs de 18 ans voient, depuis la même date, leur journée de travail également limitée à 10 heures : les adultes travaillant seuls sont protégés par la loi de 1848 qui limite à 12 heures la journée de travail dans les usines et manufactures. Des dispositions particulières enfin visent la réglementation de la durée du travail dans les travaux souterrains et dans les transports.

Cette protection pour large qu'elle soit, est encore loin de s'appliquer à toutes les catégories de travailleurs : les *employés* particulièrement se trouvent hors de la sphère d'application des lois que je viens de rappeler, sauf le cas très rare où il est fait usage d'appareils mécaniques dans les locaux même où ils sont occupés. C'est donc d'une manière générale — et sans nous préoccuper de chercher à donner dès l'abord une définition de l'employé (définition délicate (1) et sans grande utilité pratique dans le système que nous défendrons) — un nombre considérable de personnes dont la durée de la journée de travail échappe au contrôle et à la réglementation :

657.457	salariés du commerce	recensés en	1896
763.225	—	—	1901
785.837	—	—	1906

(1) V. Paul Pic. *Traité élémentaire de législation industrielle*, 3e éd., p. 691.

Et cela est profondément injuste et profondément regrettable pour une double raison :

1) D'une part, les raisons générales qui militent en faveur de la réglementation légale de la durée du travail valent aussi fortement pour les employés que pour toutes les autres catégories de salariés déjà protégés.

2) D'autre part, les raisons qui pouvaient faire hésiter à entrer dans la voie de la Réglementation quand il s'est agi des ouvriers proprement dits, *n'existent pas* quand on considère la réglementation du travail des employés.

Je n'ai pas à vous retracer ici les motifs généraux qui militent en faveur de la limitation de la journée de travail ; le décret du 2 mars 1848 les résumait en cette formule : « Un travail trop prolongé non seulement ruine la santé du travailleur, mais encore, en l'empêchant de cultiver son intelligence, porte atteinte à la dignité de l'homme. » Or, si nous nous en référons aux enquêtes concernant la durée du travail des employés de commerce et de bureau (notamment le rapport de M. Dalle au Conseil supérieur du travail [*Rapports et Documents sur la Réglementation du Travail dans les bureaux et magasins.* 1901)], nous constatons que nous sommes ici en présence d'une durée de travail *trop prolongée* et qui entraîne des conséquences désastreuses maintes fois signalées.

Dans les *grands magasins* proprements dits, la durée moyenne du travail serait de 11 à 12 heures pour l'employé proprement dit ; ce n'est pas ici que la durée du travail est la plus longue, encore qu'il faille tenir compte de nombreuses sorties après l'heure, des jours d'exposition, des veillées, des heures supplémentaires.

Aussi bien, dans ces grands magasins y a-t-il les employés qu'on voit et ceux qu'on ne voit pas : pour ces derniers, garçons de magasin et livreurs, la journée de travail est bien plus longue, 14 heures de présence pour les uns, en dehors des jours de surmenage, 14 à 15 heures pour les autres. La durée du travail de l'employé de magasin et des garçons et livreurs est, d'après M. Dalle (Rapport, p. 17 et 48), la même en province qu'à Paris : à Lyon, 12 3/4 ; à Nice, 13 1/2 ; au Havre, 12 1/2. A Lille, mêmes constatations. *L'employé de bazar* travaille de 11 heures 1/2 à 14 heures par jour (Rapport cit., p. 37), ceci sans tenir compte des veillées qui, les samedis, veilles de fête, fin de l'année, se prolongent jusqu'à minuit ou même deux heures du matin (id., p. 44). Même durée en province.

Si dans les *petits magasins* de détail la durée moyenne de la journée de travail est plus difficile à indiquer, on peut affirmer cependant, d'une façon générale, que la journée de travail y est plus longue que dans les grands ; la durée de présence y serait en moyenne de 13 à 14 heures, moyenne à laquelle il faut ajouter les heures supplémentaires des jours d'exposition, d'inventaire, de grandes ventes. Dans certains commerces notamment, la durée du travail est manifestement excessive : les garçons de pharmacie font jusqu'à 16 heures de présence et sont de plus soumis aux exigences du service de nuit ; les employés liquoristes se plaignent d'être obligés de travailler 14 heures par jour et plus. Dans l'épicerie, la moyenne de la journée de travail est officiellement fixée à 14 heures, et il est des épiceries — celles qui vendent du lait, celles qui sont situées dans les faubourgs — qui ont un temps d'ouverture plus long. Enfin, les garçons de café ou de restaurant font des journées à Paris qui sont rarement inférieures à 14 heures de travail.

La durée de travail des *employés de bureau* est d'une façon générale moins longue que celle des employés de commerce : elle va en moyenne de 8 à 10 heures ; mais ici encore il faut signaler de très nombreuses exceptions : les caissiers, comptables, employés de bureau des grands magasins ont une durée de travail qui dépasse parfois celle des vendeurs ; il faut tenir compte des jours de liquidation, dans les banques, du surcroit de travail qui précède le départ des grands paquebots dans les maisons de gros (1).

Aussi bien est-il inutile d'insister. Ces chiffres ne sont contestés par personne. Ils prennent plus de valeur encore quand on songe aux conditions souvent défectueuses dans lesquelles ce travail prolongé s'exerce, à la rénumération souvent dérisoire qui en est la récompense, et on a même pu se demander « si la condition des employés dont on parle si peu n'était pas plus difficile que celle des ouvriers dont on parle tant ». Ne retenons que ce fait d'une durée de travail excessive fournie en général par les employés de commerce et de bureau, et sans même insister sur les conséquences *antihygiéniques*, *antifamiliales*, *antisociales*, évidentes par elles-mêmes, de cet état de choses, examinons les remèdes proposés,

2) Mais auparavant, je voudrais cependant fortifier cette argumentation de principe par quelques considérations qui me paraissent avoir une grande importance.

---

(1) Voir pour plus de détails : ARTAUD, *La Question de l'Employé*, Paris 1909 ; V. VIARD, *La réduction de la durée du travail de l'Employé*, Paris 1911.

a) D'une part, en effet, les raisons qui pourraient faire hésiter à entrer dans la voie de la réglementation légale n'existent pas quand on considère cette réglementation légale du travail des employés. Vous savez comment des hommes, très désireux d'améliorer le sort des salariés, ne croyaient pas cependant pouvoir faire appel à la loi en ce qui concerne les ouvriers proprement dits, et leur gros argument, c'était le risque d'infériorité qui pouvait en résulter pour nos industries nationales vis à vis de la concurrence étrangère. Nous n'avons pas même besoin, en ce qui concerne les employés, de chercher à refuter cet argument : il ne vaut point en l'occurence et sans m'attarder à vous démontrer ce qui me paraît si évident, je vous rappellerai seulement que lors de la discussion générale du projet Doumergue, un des représentants les plus autorisés de la doctrine libérale, M. Paul Beauregard, déclarait que s'il ne consentait point à voter les dispositions du projet intéressant l'industrie, parce que celles-ci risquaient d'amoindrir notre situation en face de la concurrence étrangère, il voterait au contraire les dispositions du projet intéressant le commerce qui ne présentaient point les mêmes inconvénients économiques.

b) D'autre part, cette action de la loi qui ne saurait être nuisible aux intérêts nationaux, est nécessaire en ce sens que la question des employés ne comporte point ce qu'on peut appeler des solutions *individualistes*. Ces solutions ne pourraient venir que des *acheteurs*, des *patrons* ou des *employés eux-mêmes*. Or, il n'est malheureusement que trop certain que les employés ne peuvent pas compter sur les *acheteurs* : toute l'activit des Ligues, Sociétés d'acheteurs est restée jusqu'ici peu près sans effet : tous les efforts tentés pour faire l'éducation économique du consommateur sont restés vains : l'inertie, l'égoïsme l'emportent et le consommateur, dirait on, ne cherche qu'à justifier cette définition qu'on a pu donner de lui : il est le roi du monde économique, mais c'est un roi fainéant.

Les employés ne peuvent compter davantage sur les *patrons*, ceux-ci ne sont pas libres. Tout patron est soumis à la concurrence. « S'il veut vendre autant que ses voisins, il est bien obligé de faire comme eux, leur maître à tous, c'est l'acheteur ; celui-ci vient au moment qui lui plaît ; si une boutique est fermée, il va à celle qui est ouverte et comme aucun commerçant, de gaieté de cœur, ne laisse son voisin faire une affaire à sa place, sa boutique restera ouverte aussi longtemps que celle du voisin » (1). Et l'expérience de la loi du repos hebdomadaire, certains exemples tout récents signalés au cours de la campagne des garçons pharmaciens, prouvent surabondamment que compter sur l'entente des commerçants est une chimère. Il suffit, dit M. Jay, de l'obstination de quelques individus pour empêcher l'entente de se réaliser ou de produire des effets durables.

Enfin, les *employés* eux-mêmes sont impuissants, leurs syndicats, en France, groupent à peine 40.000 membres, à peine les trois centièmes du nombre total des employés. Et l'action de cette minorité se trouve perpétuellement entravée pour des raisons très profondes, fort bien analysées par M. Artaud dans son étude sociale et professionnelle sur l'employé : les employés sont rebelles au syndicat parce qu'ils

---

VIARD, *op. cit.*, p. 59.

craignent le renvoi, parce qu'ils n'ont pas comme l'ouvrier « l'outil protecteur »; derrière ceux qui sont réellement *employés*, il y a toute une armée de réserve que quelques jours de travail suffiront à mettre au courant et dont la présence menaçante suffit à réduire les plus ardents à une sagesse qui n'est que l'impuissance; les grèves récentes des employés du Sentier, des garçons épiciers, des employés de la maison Dufayel peuvent ici servir d'illustrations, elles ont surabondamment prouvé l'impuissance des employés eux-mêmes à faire aboutir les plus légitimes revendications.

Le principe de l'intervention légale semble donc s'imposer. Non seulement sans nuire aux intérêts économiques nationaux, elle seule viendra mettre fin à un état de choses dont on a mainte fois mis en lumière les conséquences déplorables, elle fera cesser l'inégalité choquante qui existe actuellement dans le traitement auquel sont soumis les ouvriers des usines et manufactures et les employés proprement dits; mais encore elle viendra libérer les patrons eux-mêmes et mieux que toutes les œuvres d'initiative privée commencera, et de la façon la plus énergique, cette éducation sociale du consommateur qui est lui le grand responsable, encore qu'inconscient le plus souvent, de ces labeurs prolongés et de leurs déplorables suites. Rien ne s'oppose à l'intervention, tout l'exige. Examinons maintenant les différentes solutions qui sont proposées.

II. — LES DIVERS SYSTÈMES DE RÉGLEMENTATION

Les différentes solutions proposées peuvent se ranger en deux grandes catégories : 1° dans un premier groupe on se borne à faire intervenir l'autorité pour prononcer uniquement *une limitation de la durée du travail*; 2° dans un deuxième système, on juge nécessaire pour rendre la protection véritablement effective, d'adjoindre à cette réglementation de la durée de travail, une seconde réglementation : celle des *heures d'ouverture et de fermeture des boutiques, magasins et bureaux.*

I) On peut passer brièvement sur le détail des propositions du premier groupe : elles semblent sans doute aboutir, au moins en apparence, à un système plus libéral, moins tracassier. Mais toutes se heurtent à de graves objections : je crois pouvoir vous montrer que le système *de la seule limitation de la durée du travail* doit être repoussé.

a) A ce système se rattachent d'abord les propositions qui visent à *étendre purement et simplement aux employés, les lois régissant la durée du travail des ouvriers des usines et des manufactures.* Tel a été le premier vœu des employés eux-mêmes. Dans leurs Congrès de 1886 à 1900, ils se bornent même à réclamer la réglementation seulement en ce qui concerne les femmes et les enfants. En 1900, ils demandent l'extension aux employés de toute la législation existante, de même en 1903 et 1907. Puis, devant les objections adressées à ce système par le Conseil Supérieur du Travail, par notre Association, ils l'abandonnent pour réclamer une législation spéciale, sans bien préciser, d'ailleurs, ce qu'ils veulent. Le projet Viviani semblerait leur donner satisfaction; le dernier Congrès cependant, par une réaction assez curieuse, en revient à demander l'extension pure et simple de la législation ouvrière. Une double raison peut expliquer ce revirement : la simplicité même de la réforme, le fait que des femmes et des enfants se trouvant pour ainsi dire constamment mélangés aux adultes dans les magasins et bureaux, la journée de travail se trouverait d'ores et déjà réduite à 10 heures.

b) D'autres propositions tendent à l'adoption d'une réglementation non plus journalière mais *hebdomadaire* du travail des employés, comme dans le système anglais de 1886 qui d'ailleurs ne protégeait que les enfants, limitant leur travail à une durée de 74 heures par semaine. Etendu à tous les adultes, il présenterait peut être plus de souplesse que le système de la réglementation journalière.

c) Enfin, toujours dans cet ordre d'idées, il convient de rappeler le projet Doumergue du 10 juillet 1906 qui, dans son article 5, prenant pour ainsi dire la question *à l'envers*, fixait la durée du repos ininterrompu qui devait suivre le travail journalier de toute personne employée. La durée de repos ne pouvait être inférieure à 10 heures. La Commission du Travail à laquelle fut renvoyé le projet fixa, elle, la durée de ce repos à 11 heures (Rapport Godard déposé le 21 mars 1907).

Ces différentes propositions présentent chacune des difficultés propres : la première notamment ne tient pas compte des différences considérables qui existent entre le commerce et l'industrie : de son adoption pourrait résulter une gêne extrême et pour les commerçants et pour les consommateurs que ne justifient pas suffisamment la nature du travail de l'employé et les conditions dans lesquelles il s'exerce. Et surtout, quelque soit la pratique acceptée, ces systèmes qui n'aboutissent qu'à fixer une limitation de la durée du travail, soit journalière, soit hebdomadaire, où qui, comme dans le projet

Doumergue, ne réglementent que le repos, — en laissant d'ailleurs subsister la possibilité théorique d'une journée de 13 heures, — semblent devoir être repoussés pour une *double* raison générale.

1) Le système aboutit à des inégalités regrettables : il met en état d'infériorité les petits commerçants : il peut être ainsi la cause d'une irritation profonde de nature à compromettre le succès de la législation nouvelle.

2) Il risque de protéger très inefficacement l'employé en rendant le contrôle extrêmement difficile.

1° Le premier argument a déjà été pleinement mis en lumière par M. Jay lors des discussions au Conseil Supérieur du Travail et par M. Artaud à notre Association. « Tel commerçant dont la situation est florissante, disait ce dernier, pourra organiser des relais d'employés et tout en restant dans les prescriptions de la loi, continuer la vente plus longtemps que son concurrent moins fortuné. Tel autre petit commerçant suffira seul ou avec l'aide de sa famille au service de la clientèle. Et ainsi seront modifiées profondément les conditions de la concurrence puisque les chefs de maison qui ne pourront ni organiser des équipes multiples ni suffire sans l'aide d'employés au service de la clientèle, devront fermer leurs magasins, tandis qu'à côté d'eux les magasins de certains de leurs concurrents resteront ouverts ».

2° On voit en second lieu combien ce système rend difficile le contrôle de l'inspection. L'article 5 du projet Doumergue portait bien qu'une affiche apposée dans chaque établissement devait indiquer les heures de repos accordées en vertu de la disposition législative. Mais à quels signes l'inspecteur du travail peut-il reconnaître que la loi est observée, sur quels faits peut-il s'appuyer pour acquérir la certitude et faire la preuve que la loi est violée? Comme extérieurement rien n'est saisissable, que le magasin peut rester ouvert aussi longtemps qu'il plaît au commerçant, il faut que l'inspecteur s'en rapporte aux affirmations sujettes à caution du commerçant lui-même. Si par ailleurs le commerçant profite de la facilité qu'il a d'organiser des équipes entrant et sortant à des heures différentes, ce qui lui permet de tenir son magasin plus longtemps ouvert, l'inspecteur se trouve alors devant une complexité déconcertante qui rend son contrôle impossible ou tout au moins extrêmement difficile. La loi du 2 Novembre 1892 a fait voir ce que valait un tel système : dès 1893, la Commission supérieure du travail constatait que le système des relais rendait le contrôle presque impossible, facilitait la violation de la loi et rendait la situation des femmes et des enfants plus pénible que sous le régime de la loi de 1874. Il est fort à craindre que la seule limitation de la durée du travail des employés n'amène rapidement à faire des constatations analogues.

II) Aussi bien le système qui, à la réglementation de la durée de travail, ajoute une seconde réglementation, *celle des heures d'ouverture et de fermeture des magasins*, a-t-il pour lui, non seulement certaines *raisons générales* qui s'opposent à celles que nous venons d'indiquer et qui militent contre l'adoption du premier système, mais encore *l'exemple de législations étrangères*.

1° RAISONS GÉNÉRALES. — *a*) Le contrôle est d'abord singulièrement facilité, il devient pour ainsi dire *automatique* ; il est facile de constater si une boutique est ou n'est pas fermée ; les employés peuvent, il est vrai, continuer à travailler, les volets une fois tirés ; mais comme ce travail est par lui-même une contravention à la loi, il suffit de le constater, et aucune discussion n'est possible. Les fraudes sont ainsi rendues très difficiles.

b) Cette obligation de fermeture sauvegarde d'autre part l'égalité des commerçants en les soumettant à une même réglementation : la loi les protège et les libère eux-mêmes ; elle les délivre du souci de la concurrence.

Je sais bien qu'au regard de ces avantages on peut faire apparaître des inconvénients ; on objecte que ces avantages sont acquis au prix d'une tyrannie intolérable, qu'ils comportent une grave atteinte à la liberté du commerce et des gênes sérieuses pour les consommateurs ; je répondrai brièvement que d'abord il faut voir comment sera déterminée cette obligation d'une heure de fermeture et d'ouverture identiques et qu'il ne saurait jamais être question d'une loi qui vînt décréter que tous les magasins et bureaux ouvriront dans toute la France à une heure donnée pour fermer uniformément à une autre heure donnée ; qu'en second lieu cette liberté du commerce tant vantée est, de l'aveu général, un fardeau pour ceux-là même qui en profitent ; nous verrons qu'en Allemagne, par exemple, la fermeture obligatoire est acceptée allègrement d'abord par les patrons eux-mêmes ; le nombre de leurs ventes n'a pas diminué, et ils peuvent de meilleure heure prendre un repos bien gagné, se consacrer à leur famille ou à eux-mêmes sans voir leurs joies familiales ou leur repos empoisonnés par la pensée qu'à côté un autre commerçant plus zélé leur enlève un client ; tout se résume donc dans une question de plus ou moins grande commodité pour l'acheteur ; sans même examiner s'il convient de faire entrer en balance cette commodité particulière et d'autre part la santé, la liberté de près de deux millions d'individus, on accordera aisément que les achats du soir sont en grande partie une question *d'habitude* pour la clientèle ; que quand elle saura les magasins fermés, elle achètera à une autre heure et qu'enfin, ici encore, il ne s'agit pas d'une réglementation étroite et uniforme ; nous verrons comment la réglementation devra respecter certaines situations particulières. Il suffit pour s'en convaincre de considérer les applications du principe dans certaines législations étrangères.

2° La liste de ces législations est déjà longue : un grand nombre de provinces australiennes, de pays de l'Afrique du Sud, quelques provinces des Etats-Unis, le Canada ; en Europe, l'Allemagne, le Danemark, la Norwège, la Russie, l'Angleterre se sont préoccupés de réglementer les heures de fermeture et d'ouverture des magasins. D'une façon générale, on constate que les législations qui ont voulu protéger seulement la femme et l'enfant employés se sont bornés à réglementer uniquement la durée du travail : celles au contraire qui ont voulu protéger également l'adulte employé, ont été amenées logiquement à s'occuper de l'ouverture et de la fermeture. Ce sont ces dernières seulement que nous allons considérer ici. Sans entrer dans le détail de leurs dispositions je m'efforcerai d'en faire ressortir les principales caractéristiques et d'en tirer des indications pour voir ce qu'il conviendrait pratiquement de faire chez nous.

Remarque générale : toutes ces législations (sauf celle de la Russie) ne s'occupent que des *magasins* et boutiques. laissant hors de leur spère d'application les *bureaux* proprement dits.

Ceci dit, on voit qu'en majeure partie (il n'est d'exception, je crois, que pour le *Danemark*) elles se préoccupent d'abord de limiter, soit journellement, soit hebdomadairement, la durée du travail, et en second lieu, que pour faire observer cette limitation même, elles vont réglementer la durée d'ouverture.

a) Nous voyons ainsi, quant au premier point, que la durée du travail est limitée à 12 heures par jour en *Russie* (arrêté impérial du 15/28 nov. 1906) ; à 60 heures par semaine dans le projet *anglais* du 3 février 1908 ; à 52 heures par semaine dans l'Etat de *Victoria* (6 octobre 1905) ; à 52 heures par semaine, mais seulement pour les femmes et les enfants, aux *Nouvelles Galles du Sud* (22 décembre 1899) et *Australie du Sud* (5 déc. 1900) ; à 52 heures par semaine pour les femmes et les enfants, à 54 heures pour les adultes dans l'*Australie Occidentale* (19 février 1902) ; à 54 heures par semaine, mais pour certains commerces déterminés, au *Natal* (26 août 1905). La réglementation adoptée par la loi *allemande* du 30 juin 1900 mérite quelque attention car elle établit, suivant moi, une distinction qu'il faut retenir ; *le principe général* c'est que dans tous les magasins, chaque employé devra jouir d'un repos continu d'au moins 10 heures par jour. Mais dans les localités de moins de 2000 habitants l'obligation est supprimée, les autorités locales conservant toutefois le pouvoir de décider s'il n'y aurait pas lieu d'établir une certaine réglementation. Dans les localités de 2000 à 20.000 habitants, le principe général est maintenu; enfin pour les localités de plus de 20.000 habitants et quand il s'agit de magasins occupant plus de deux employés, la durée du repos est portée à 11 heures.

b) Quant à la *fermeture*, trois systèmes peuvent être appliqués :

1° Tantôt nous nous trouvons en présence *d'une loi de fermeture obligatoire générale ;* c'est le cas notamment de la loi *danoise*, qui décide : « Sont interdits de 8 heures du soir à 4 heures du matin, sauf le samedi soir, de 8 heures à 11 heures, les ventes, les achats, dans les rues, marchés, places publiques et dans les boutiques et magasins. » Les boutiques et magasins doivent donc être, sauf les dérogations prévues, fermées de 8 heures du soir à 4 heures du matin. Il est intéressant de constater que cette loi a été votée sur les instances des commerçants eux-mêmes. Cette fermeture légale générale est également la législation de la plupart des colonies anglaises. Voici, à titre de document, les dispositions de la loi de l'État de *Victoria* la plus complète et la plus prohibitive de toutes :

Dans le district métropolitain (loi du 12 décembre 1905):

« (22). Sauf dispositions contraires dans la présente loi, tous les magasins (autres que ceux de la quatrième annexe de la loi principale ou de l'annexe de la présente loi) seront fermés :

« Le lundi et le mardi, à partir de 6 heures.

« Le mercredi, à partir de 1 heure ou de 6 heures,

suivant l'heure choisie par le patron en conformité de la présente loi.

« Le jeudi, à partir de 6 heures.

« Le vendredi :

a) A partir de 6 heures, si l'heure de fermeture du mercredi précédent était 1 heure ;

b) A partir de 10 heures, si l'heure de fermeture du mercredi précédent était 6 heures ;

« Le samedi :

a) A partir de 1 heure si l'heure de fermeture du mercredi précédent était 6 heures ;

b) A partir de 10 heures, si l'heure de fermeture du mercredi précédent était 1 heure. »

L'alinéa 2 du même article décide que « les établissements qui vendent des aliments frais crus fermeront chaque semaine comme suit :

« Le lundi et le mardi, à partir de 5 heures.

« Le mercredi, à partir de 1 heure ou de 5 heures, suivant le choix fait par le patron en conformité de la présente loi,

« Le jeudi, à partir de 5 heures.

« Le vendredi, à partir de 6 heures.

« Le samedi :

« *a*) A partir de 1 heure, si l'heure de fermeture du mercredi précédent était 5 heures ;

« *b*) A partir de 9 heures, si l'heure de fermeture du mercredi précédent était 1 heure. »

L'article 23 établit des règles plus larges pour les commerces de bicyclettes, de fleurs, pour les ateliers de réparation de chaussures, les marchands de lait, les coiffeurs : quatre jours par semaine ils ferment à 8 heures, le mercredi à 1 heure ou 8 heures, le samedi à 1 heure ou 11 heures suivant l'heure de fermeture du mercredi.

La veille des jours fériés (art. 24), les magasins peuvent rester ouverts jusqu'à 10 heures.

L'article 25 donne pouvoir au gouverneur assisté de son conseil pour faire fermer dans tout ou partie du district :

« *a*) A des jours fixes, chaque semaine à partir de l'heure fixée par les règlements.

« *b*) Un jour fixe, chaque semaine, à une heure.

Toute cette réglementation est spéciale au district métropolitain, voici celle qui a été édictée pour le reste de la province et qui résulte de la loi non modifiée du 6 octobre 1905 :

« 127. Tous les magasins autres que ceux de la catégorie spécifiée dans la quatrième annexe à la présente loi et ceux qui sont autorisés à rester ouverts la nuit en vertu d'un règlement existant en vertu de la présente loi devront être fermés chaque soir, excepté le samedi, à 7 heures et le samedi à partir de 10 heures ».

La loi du 12 décembre 1905 a donné aux conseils municipaux le droit d'imposer à tous les magasins de l'alimentation l'obligation de fermer, tout ou partie de l'année, à certains jours fixes aux heures fixées par le règlement communal, et un jour par semaine à 1 heure, mais ce droit ne peut être exercé que si la majorité des commerçants intéressés s'est prononcée en faveur du règlement projeté.

2[1]) D'autres législations au contraire sans prononcer de fermeture obligatoire donnent simplement aux *autorités locales* la possibilité de faire fermer les magasins à certaines heures : soit que cette initiative vienne d'elles-mêmes, comme en *Russie* (arrêté impérial cité, article 9, al. 1), soit au contraire que l'initiative émane des commerçants eux-mêmes : *loi norvégienne* du 31 Mai 1900 qui permet aux conseils municipaux de réglementer les heures de fermeture des magasins si l'ordonnance est approuvée par les deux tiers des commerçants : *Act anglais* du 15 août 1904, projet du 3 février 1908, même solution.

3[1]) Certaines législations enfin *combinent les deux systèmes précédents:* la loi décide d'abord que les magasins seront obligatoirement fermés pendant une durée donnée, et généralement elle fixe des limites assez larges : elle donne ensuite aux autorités locales le pouvoir de décider la fermeture et l'ouverture, dans des limites plus étroites, lorsqu'un certain quorum des intéressés se trouve réuni et, en fait la demande. C'est ainsi par exemple que la législation de la *Nouvelle-Zélande* décide que tous les commerçants du pays sont obligés de fermer un jour ouvrable à 1 heure : ce jour est déterminé par les autorités locales ; pour les autres jours ouvrables de la semaine, les commerçants seuls peuvent demander la fermeture à une heure donnée ; si la majorité des intéressés est réunie, le ministre rend la fermeture obligatoire. C'est également le système qui a été adopté en *Allemagne* : « Art. 139 e. Depuis 9 heures du soir jusqu'à cinq heures du matin, les magasins publics doivent être fermés au trafic, 139 f. Sur la demande des deux tiers au moins des exploitants intéressés, il pourra être disposé pour une commune ou plusieurs communes limitrophes, par ordonnance de l'autorité administrative supérieure, les autorités locales entendues, que, pour toutes les branches ou certaines branches seulement d'exploitation commerciale, les magasins pourront être fermés au trafic, à des périodes déterminées ou pendant toute l'année, à partir d'un moment à fixer entre (8 h. et 9 h.) du soir et entre (5 et 7 h. du matin). Sur la demande d'un tiers au moins des exploitants intéressés, l'autorité administrative supérieure invitera les intéressés à faire connaître leur avis pour ou contre l'introduction de la fermeture des magasins dans le sens de l'alinéa précédent. Si les deux tiers des votants se déclarent en faveur de cette introduction, l'autorité administrative supérieure pourra édicter l'ordonnance nécessaire ».

Je n'insiste pas sur les *dérogations*, plus ou moins nombreuses, prévues par ces diverses législations et j'en arrive immédiatement aux *solutions pratiques* auxquelles me semble conduire l'examen comparé de ces dispositions.

III. — SOLUTIONS PROPOSÉES (1)

D'une façon générale, il paraît nécessaire de combiner (à la différence de la loi danoise) les deux réglementations : celle de la *durée du travail* et celle *des heures d'ouverture et de fermeture*.

---

(1) Ce rapport avait été présenté et la discussion en était commencée quand M. DE MUN a saisi la Chambre d'une proposition de loi limitant à dix heures par jour la durée du travail

Cette double réglementation semble indispensable pour assurer une application sérieuse de la loi. Nous avons vu, en effet, les raisons qui militent en faveur de l'adoption de règles d'ouverture et de ferme-

---

des employés (à huit heures le samedi dans les maisons de gros). Voici les dispositions essentielles de cette proposition de loi :

Article premier. — Dans les établissements commerciaux, c'est-à-dire dans les magasins, boutiques, bureaux du commerce et de l'industrie, les restaurants, cafés, laboratoires, cuisines, caves, chais, fournils et leurs dépendances, de quelque nature qu'ils soient, publics ou privés, laïques ou religieux, même lorsqu'ils ont un caractère de bienfaisance ou d'enseignement, la durée du travail de toute personne employée ne pourra, sous réserve des dérogations prévues à l'article 3, dépasser dix heures, aucun des six jours de la semaine.

Sont exceptés les établissements où ne sont employés que les membres de la famille, sous l'autorité du père, de la mère ou du tuteur.

Art. 2. — Dans les établissements de gros et les bureaux autres que ceux affectés à un service public, les samedis et veilles de jours fériés, le travail ne devra pas dépasser huit heures, ni se prolonger au-delà de quatre heures de l'après-midi.

Au cas où, par l'effet des dérogations admises par l'article 3, le repos du samedis se trouverait supprimé, la réduction de la journée de travail à huit heures devrait porter sur un autre jour de la semaine.

Dans les autres établissements et leur dépendances, la durée du travail devra être réduite à huit heures un quelconque des six jours de la semaine.

Art. 3. — Soixante jours par an, à des conditions déterminées par un règlement d'administration publique établi après consultation des chefs d'établissements et groupements professionnels intéressés, la durée journalière du travail pourra être prolongée jusqu'à douze heures.

Les employés auront droit à une rémunération spéciale convenable pour les heures supplémentaires.

ture ; il ne paraît pas moins indispensable de poser un principe général de limitation de la durée du travail elle-même. Ce principe viendrait réglementer la durée du travail (où du repos) de *tout employé* quelle que soit

---

Art. 4. — La journée de travail devra être coupée d'un repos d'au moins une heure et demie et suivie d'un repos ininterrompu d'au moins onze heures.

Art. 5. — Dans toute commune, le conseil municipal pourra promulguer un règlement fixant les heures d'ouverture et de fermeture des établissements faisant le même genre d'affaires et s'adressant à la même clientèle.

Ce règlement deviendra obligatoire pour tous les établissements de la catégorie visée, un mois après notification aux chefs de ces établissements, si, avant l'expiration de ce délai, un tiers de ceux-ci n'ont pas fait opposition par inscription sur un registre ouvert à la mairie.

Le conseil municipal sera tenu de procéder ainsi qu'il est dit ci-dessus toutes les fois qu'il en sera requis par un chef d'établissement ou par un syndicat professionnel d'employés.

Art. 6. — Dans les communes comptant plus de quatre mille habitants, les établissements visés à l'article 1er devront être fermés les dimanches et jours fériés. Un règlement d'administration publique déterminera les dérogations indispensables pour certaines catégories d'établissements.

Art. 7. — Dans toute commune, les établissements visés à l'article 1er devront être fermés de 9 heures du soir à 5 heures du matin.

Le règlement d'administration publique, prévu à l'article 6, déterminera les dérogations indispensables pour certaines catégories d'établissements.

Le même règlement déterminera les cas et les conditions dans lesquelles les femmes pourront être exceptionnellement employées après neuf heures du soir et avant cinq heures du matin.

Les enfants de moins de dix-huit ans ne pourront, en aucun

la catégorie à laquelle il appartienne : grands magasins, bazars, commerces divers, *bureaux*, *cafés*, *restaurants*, *hôtels* ; la fermeture obligatoire paraissant, comme nous le verrons, difficilement applicable à toutes les professions, on aura cependant ainsi un maximum de travail (ou un minimum de repos) établi de façon ferme pour toute personne employée.

Examinons successivement le double aspect de la Réglementation.

---

cas, être employés entre neuf heures du soir et cinq heures du matin.

Art. 8. — Les règles édictées par l'article 2 de la loi du 2 novembre 1882 sont applicables dans les établissements visés à l'article 1er.

Art. 9. — Un règlement d'administration publique déterminera les règles de contrôle nécessaires pour l'application de la présente loi.

Art. 10. — Les inspecteurs du travail sont chargés d'assurer l'application des dispositions de la présente loi dans les conditions prévues par les articles 17 à 21 de la loi du 2 novembre 1892.

Art. 11. — Les infractions aux dispositions de la présente loi, des règlements d'administration publique prévus par les articles ci-dessus, des arrêtés municipaux prévus par l'article 5 seront passibles des pénalités édictées par la loi du 9 septembre 1848.

Les personnes condamnées par application du présent texte ne pourront, pendant un an, recevoir aucune distinction honorifique.

En cas de récidive, elles seront, en outre, déchues pour cinq ans du droit d'éligibilité au conseil des prud'hommes, au tribunal de commerce et au conseil supérieur du travail, et ne pourront, durant le même laps de temps, recevoir aucune distinction honorifique.

Art. 12. — La présente loi ne sera applicable que six mois après sa promulgation.

A) **Réglementation de la durée du travail** (ou du repos) :

a) Tout d'abord comment réglementer la durée du travail ou du repos : *journellement ou hebdomadairement* ? La réglementation hebdomadaire semble devoir être plus souple et M. Artaud dans son rapport ne cachait pas ses préférences pour ce système. Je pense cependant que la limitation *journalière* du repos est préférable pour une double raison. D'abord en ce que le contrôle en est plus simple et plus facile : en second lieu, parce qu'il est, je crois, physiologiquement préférable qu'un repos régulier, de durée égale, vienne chaque jour réparer la dépense de l'organisme : vingt heures de repos consécutif valent moins après cinq jours de surmenage que dix heures par jour de repos régulier.

b) Je proposerais, en second lieu, que nulle dérogation ne soit accordée à ce principe, du chef que dans les établissements commerciaux seraient seuls occupés des membres de la famille (à la différence du projet Viviani, art 1, al. 3). — Si on légifère en matière commerciale, disait justement M. J. Godard, il faut des textes formels, sans dérogations, sous peine de faire œuvre inutile, voire mauvaise. C'est précisément parce que la loi du repos hebdomadaire a laissé toute liberté aux petits commerçants qui n'ont pas d'employés ou qui peuvent tenir leur magasin en congédiant leur personnel, d'ouvrir leur boutique le dimanche, que cette loi a donné lieu à tant de réclamations justifiées. Il en va exactement de même quand on considère non plus le repos hebdomadaire, mais le repos journalier. Aussi bien n'est-il peut-être pas inutile, malheureusement, de prévoir le cas où il faut protéger des enfants contre leurs parents eux-mêmes.

c) On peut cependant prévoir certaines *dérogations* générales comme dans la loi allemande, art. 139, d : « Les dispositions..... ne sont pas applicables : aux travaux qui doivent être entrepris immédiatement dans le but d'éviter la détérioration de la marchandise, à la confection d'un inventaire prescrit par la loi ou aux travaux de nouvelle installation ou de déménagement, pendant trente jours par an au maximum, lesquels seront fixés par l'autorité de police locale. »

d) A ces dérogations, j'ajouterai même, toujours à l'imitation de la loi allemande, une *exception générale*. Il semble bien que la loi n'ait de raison d'être qu'en tant qu'il s'agit d'employés soumis à un travail véritablement prolongé, plus ou moins intensif, mais toujours continu et s'exerçant en général dans des conditions hygiéniques peu satisfaisantes. Or, tel n'est pas le cas des employés *des petites localités*, celles d'ailleurs où les commerces exclusivement gérés par la famille sont les plus fréquents. Même là où travaillent des auxiliaires salariés, leur vie n'est pas comparable à celle des employés des grandes villes ; le travail est moins intense, moins continu, coupé de longs repos pendant lesquels on attend le client. Il faut en outre tenir compte de ce fait que la clientèle de ces petites localités, où la faible étendue des débouchés ne permet pas une grande spécialisation des commerces, est une clientèle surtout rurale qui vient s'approvisionner quand ses propres occupations le lui permettent et qui s'approvisionnera chez le même commerçant, maître Jacques du village, des objets les plus divers. Aussi bien, pourquoi légiférer ici ? Nous savons tous, par expérience, que, dans nos petites villes, l'activité commerciale ne se prolonge guère au delà de 8 heures, 8 heures 1/2 du soir. A 9 heures, tous les habitants sont couchés ; c'est à peine si, dans quelques cafés somnolents, quelques viveurs mènent péniblement la soirée jusqu'aux environs de 11 heures. S'il est juste et nécessaire de réglementer lorsque cela est nécessaire, il est bien inutile de légiférer sans objet. Je proposerai donc qu'un texte spécial vint formellement déclarer que la réglementation ne sera applicable que dans les localités supérieures à 4.000 habitants.

B) Reste la question la plus délicate, celle de la **Réglementation des heures d'ouverture et de fermeture.**

a) Je proposerai d'abord qu'en principe ce second groupe de dispositions législatives ne vise que les *magasins* de vente et laisse en dehors de son application les *bureaux* proprements dits, c'est-à-dire les locaux où ne pénètre pas la clientèle, où n'ont pas lieu directement et immédiatement les transactions : bureaux des commerces de gros, des banques, des compagnies d'assurances.

Aucune des législations que nous venons d'étudier (si on excepte la Russie, qui, d'ailleurs, s'en remet uniquement à la bonne volonté des autorités locales) n'a, en effet, osé s'engager dans cette voie ; les difficultés pratiques ont paru trop considérables.

Je sais que le Reichstag s'est préoccupé dès le 23 mai 1900 de la situation des employés de bureau et que les grandes Associations d'employés allemandes font actuellement tous leurs efforts pour que les employés de bureau jouissent eux aussi de la protection légale.

Mais on peut faire observer d'abord que, à la différence de la loi allemande, l'employé de bureau a, dans notre projet, une durée de repos journalier garanti. D'autre part, la nécessité de la réglementation apparaît ici beaucoup moins urgente : 1° nous savons déjà qu'en général la durée du travail est beaucoup moins longue chez les employés de bureau que chez les employés de commerce proprement dits ; 2° les conditions de travail sont également moins pénibles ; ils sont assis, moins en but aux caprices des clients et surtout des clientes ; 3° ils sont moins soumis que les employés de commerce à l'aiguillon de la concurrence qui empêche un commerçant de fermer tant que la boutique de ses confrères reste ouverte ; 4° nous savons aussi que s'il est pour les employés de bureau des causes de prolongation du travail, ces causes sont plus variables et moins faciles à prévoir que dans le commerce de détail où les jours et les époques de grande presse peuvent être assez aisément déterminés à l'avance. Toutes ces raisons, sans même parler de la difficulté de contrôle, me paraissent devoir faire laisser les bureaux proprement dits en dehors des règles très délicates de fermeture et d'ouverture.

b) Restent les magasins de vente proprement dits : quel système adopter ?

Les législations qui laissent uniquement aux autorités locales la possibilité de décréter une heure de fermeture et d'ouverture n'ont donné aucun résultat ; il faut au moins comme dans le projet anglais du 3 février 1908 (art. 1) *obliger* chaque autorité locale à prendre les mesures, de façon prévue par la loi, afin d'édicter une ordonnance de fermeture pour les différents jours de la semaine.

Le système danois apparaît en sens inverse à la fois trop rigide et insuffisant; trop rigide puisqu'il fixe des heures uniformes pour tout le royaume; insuffisant parce qu'en dehors des heures de fermeture (huit heures du matin à quatre heures du matin) il laisse au moins la possibilité théorique de journées de seize heures de travail.

Le système le plus rationnel est sans contredit le système allemand : obligation de fermeture générale avec limites assez larges; possibilité laissée aux autorités locales et aux commerçants eux-mêmes de ressérer ces limites en tenant comptes des nécessités locales.

Aussi bien, la meilleure preuve de la bonté de ce système est-elle d'abord dans le succès qu'il a obtenu. Avant l'application de la loi du 30 juin 1900, le mécontentement était grand chez tous les commerçants allemands; ils considéraient tout particulièrement les dispositions relatives à la fermeture comme une atteinte inadmissible à la liberté du commerce et à leurs propres intérêts.

La loi n'en a pas moins été appliquée très strictement; M. Artaud a rapporté certains exemples significatifs de la sévérité de l'application; cependant les commerçants allemands n'ont subi aucun dommage; il y a aujourd'hui unanimité à constater que la fermeture des magasins à neuf heures s'est effectuée dans de bonnes conditions et n'a causé de tort à personne (1).

(1) VIARD, et ses références, *op. cit.* p. 119.

Mieux encore : les commerçants eux-mêmes dans un grand nombre de professions ont fait (en vertu de l'article 139 f. qui avant l'expérience paraissait bien inutile), avancer l'heure de la fermeture : En 1905, 60 villes avaient la fermeture à 8 h. :

En 1906. . . . . 74 villes ;
1907. . . . . 93 —
1908. . . . . 346 —
1909. . . . . 501 — et de ces dernières beaucoup ont la fermeture complète de 8 heures du soir, c'est-à-dire la fermeture s'appliquant à tous les magasins : Je vous citerai seulement *Leipzig* (500.000 h.), *Hambourg* (800.000) et depuis le 1er novembre 1908, *Berlin* et ses faubourgs (2.500.000 h.) Devant ces résultats le Reichstag a voté le principe de la généralisation, par législation d'Empire, de la fermeture à 8 heures du soir, sauf pour le Samedi (9 h.).

On peut enfin signaler qu'en fait, les commerçants ont usé très peu des dérogations permises.

Devant ces résultats et le succès de la législation allemande il résulterait donc qu'il n'y ait pas à hésiter et qu'il faille adopter des mesures analogues.

Chez nous, on hésite cependant, ou plutôt sans hésiter on se refuse nettement d'admettre une réglementation légale générale des heures de fermeture et d'ouverture : le projet Viviani (art. 2), laisse seulement aux Conseils municipaux le pouvoir de décider la fermeture à une heure déterminée d'une catégorie de magasins, sur la demande des trois quarts des chefs d'établissements intéressés.

Il est facile de voir les raisons de cette hésitation : Il est tout d'abord une série d'arguments dont je vous demanderai de ne tenir aucun compte parce que je n'en sais pas de plus mauvais, à savoir les différences irréductibles qui séparent à jamais le caractère français du caractère germanique ; le premier avide de liberté, le second heureux seulement quand il est soumis au caporalisme le plus étroit. Il y a là une légende, tout à notre honneur sans doute, mais seulement une belle légende : Nous nous soumettons en fait, aussi facilement que les plus purs Teutons, non seulement aux lois raisonnables mais aux mille tracasseries dont les différentes administrations sont si prodigues à notre égard. La liste des exemples serait longue.

On peut faire observer plus fortement que la question de la fermeture est une question *locale;* les habitudes, les besoins varient avec les différentes régions, — qu'elle est surtout une question *de profession :* on pourra ne pas souffrir de la fermeture d'une bijouterie de luxe à 7 heures du soir : on serait fort empêché de trouver fermées à cette même heure les boutiques des boulangers ou des restaurateurs.

Ces considérations sont très sérieuses : ici d'ailleurs comme partout ce sont certaines catégories de commerces, assez restreintes en nombre sans doute mais importantes, qui viennent le plus faire obstacle à une législation générale uniforme (cafés, restaurants, hôtels, pharmacies mêmes).

Mais d'autre part nous ne saurions oublier ce que nous avons dit de la nécessité d'une Réglementation d'ouverture et de fermeture des magasins : sans cette Réglementation il est à craindre qu'on ne fasse œuvre inutile et peut être mauvaise.

Voici la solution, solution mixte que je proposerais :

La loi pourrait se borner à poser des limites extrêmes :

décider, par exemple, que toutes les boutiques et magasins seraient fermés de 9 heures du soir à 5 heures du matin.

Elle laisserait en dehors de son application un certain nombre de commerces limitativement déterminés : cafés, restaurants, hôtels, boulangeries, pour lesquels des dispositions particulières devraient être prises et dont les employés seraient d'ailleurs protégés par la règle générale qui accorde à tout employé un repos ininterrompu de 11 heures.

Un certain nombre d'exceptions devraient d'ailleurs être prévues, comme dans la législation allemande : d'abord un jour par semaine, le samedi, par exemple ; un certain nombre de jours par an, les cas urgents et imprévus.

Les conseils municipaux, après consultation des intéressés et avis favorable des *deux tiers* des chefs d'établissement, pourraient fixer des heures de fermeture et d'ouverture situées en deçà des limites posées d'abord par la loi, de façon à limiter l'ouverture des magasins aux *13* heures seulement qui laissent intangible le repos individuel de 11 heures précédemment accordé à toute personne employée, ou à une période de *12* heures, avec faculté laissée aux commerçants de conserver leurs employés 1 heure après la fermeture du magasin.

Ce système, un peu compliqué, il est vrai, semble du moins sauvegarder les situations particulières : il reste assez souple pour se plier à la fois aux nécessités commerciales, aux légitimes exigences des consommateurs et assez restrictif pour protéger efficacement l'employé. Il faut éviter de faire une loi ou inapplicable ou inutile.

Tout ceci montre assez qu'il convient de modifier le projet actuellement soumis aux Chambres.

Voici le texte des vœux que je propose à vos discussions :

ARTICLE 1er. — Dans tous les magasins, boutiques, bureaux de commerce, de l'industrie et leurs dépendances *situés dans les localités supérieures à 4.000 habitants*, le travail journalier de toute personne employée devra être suivi d'un repos ininterrompu dont la durée ne peut être inférieure à onze heures.

ART. 2. — Des dérogations au principe adopté dans l'article 1er pourront être admises seulement :

1° En cas de travaux qui doivent être entrepris immédiatement dans le but d'éviter la détérioration de la marchandise ;

2° Pendant trente jours par an au maximum, lesquels seront fixés par l'autorité de police locale.

ART. 3. — Toute boutique, magasin de vente devront être fermés de 9 heures du soir à 5 heures du matin.

ART. 4. — Les boutiques et magasins pourront être ouverts au delà de 9 heures du soir et jusque 10 heures :

1° Le samedi de chaque semaine ;

2° Dans les cas urgents et imprévus ;

3° Pendant une durée maximum de 40 jours fixés par l'autorité de police locale.

ART. 5. — Sont exceptés des dispositions de l'art 3 et de l'art. 4, les commerces dont la liste limitative est énumérée ci-après :

Hôtels, restaurants, boulangeries ..., pour lesquels seront prises des mesures particulières.

ART. 6. — Les Conseils municipaux devront dans chaque localité supérieure ou non à 4.000 habitants, provoquer une consultation des chefs d'établissements commerciaux (ceux énumérés à l'art. 5 exceptés) et sur avis favorable des deux tiers des intéressés décider la fermeture à une heure déterminée (avant 9 heures du soir) et l'ouverture (après 5 heures du matin) des établissements faisant le même genre d'affaires et s'adressant à la même clientèle.

ART. 7. — Les Conseils municipaux préciseront dans ce cas comment devront être appliquées les exceptions prévues à l'art. 4.

ART. 8. — L'arrêté du Maire ne sera exécutoire que trois mois après sa notification aux intéressés. Il pourra être déféré au Conseil d'Etat dans le mois de sa notification aux intéressés. Dans ce cas, il ne sera pas exécutoire avant notification de la décision du Conseil d'Etat.

DISCUSSION (1)

M. LE PRÉSIDENT. — Je remercie et félicite mon collègue et ami, M. Depitre, de son excellent rapport si persuasif et documenté. Je déclare ouverte la discussion :

I. — LE SYSTÈME DE LA DOUBLE RÉGLEMENTATION : DURÉE DU TRAVAIL ET FERMETURE DES ÉTABLISSEMENTS.

M. AFTALION. — Si vous le voulez bien, nous pourrions discuter d'abord le mode même de la réglementation. Doit-on se borner à limiter la durée du travail des employés, ou bien à cette première réglementation doit-on ajouter celle de la fermeture obligatoire des magasins pendant certaines heures.

M. LEVÉ. — Ne serait-il pas plus simple de réglementer uniquement la durée du travail des employés sans ajouter à cela une deuxième réglementation qui risque de mécontenter acheteurs et commerçants ?

(1) Cette discussion eut lieu aux séances du 13 décembre 1910, du 17 janvier, du 14 février, du 14 mars 1911, présidées successivement par MM. Aftalion, Dassonville, Boulin.

M. ROBERT. — Je serais également d'avis qu'on s'en tint à une première réglementation : celle de la durée du travail ; ce serait une première expérience dans cette matière, où la législation ouvrière ne fait que s'essayer. Plus tard, on pourrait demander au législateur de revenir sur la question et de compléter la première réglementation relative à la durée du travail par une seconde imposant la fermeture.

M. LAFERRIÈRE. — La règle de la fermeture peut être, dans certains cas, fort gênante. Dans les villes du Midi, l'activité du magasin commence à une heure tardive et se prolonge fort avant dans la soirée. Je doute que la fermeture à 9 heures soit acceptée. En outre, il est des catégories de commerces où la fermeture paraît difficilement réalisable : je pense aux marchandes de journaux dans certaines gares.

M. MORIN. — J'ai, au contraire, trouvé décisifs les raisons que M. Depitre a fournies en faveur de la double réglementation. La fermeture des magasins me paraît indispensable pour établir l'égalité entre commerçants et pour rendre possible le contrôle.

M. STOCLET. — Je suis frappé de la tendance qui existe dans notre législation de renforcer toujours ainsi la réglementation pour faciliter le contrôle. Il me semble, au contraire, qu'il faudrait tenir compte de la gêne considérable que toute réglementation provoque, et ne pas aggraver cette réglementation sous prétexte de faciliter l'exécution d'une loi qu'on rend ainsi plus dure et difficile. A la Commission départementale du travail dont je fais partie, j'ai entendu souvent des industriels se plaindre d'un excès de réglementation.

M. Morin. — La question du contrôle doit cependant toujours être envisagée à l'occasion de toute loi. Si on veut que la loi ne demeure pas lettre morte, il faut bien songer au contrôle.

M. Décailly. — J'ajoute que la difficulté du contrôle est une cause de préjudice pour les industriels et les commerçants désireux de respecter la loi : eux seuls accepteront les prescriptions légales et à côté d'eux leurs concurrents à qui un contrôle trop lâche permet de violer la loi développeront leurs entreprises au détriment des premiers.

M. Depitre. — Ce n'est pas seulement la question de contrôle qui est en jeu et je voudrais dire à M. Stoclet que nous ne proposons pas la réglementation de l'ouverture et de la fermeture des magasins, d'abord et uniquement pour faciliter le contrôle — ce qui a déjà son importance. Nous proposons cette seconde réglementation pour couper court aux récriminations des petits commerçants qui, moins favorisés, ne pourront pas organiser les systèmes de *relais*.

M. Aftalion. — J'ai été tout à fait convaincu par les arguments de M. Depitre en faveur du système de la double réglementation. Dans un autre domaine, dans l'industrie, lorsqu'il s'agit de la réglementation du travail, on est toujours plus ou moins obligé de tenir compte de la concurrence internationale. Ici, cette considération ne se présente plus. Nous sommes plus libres. Mais il est alors un autre inconvénient qu'il faut éviter avec soin : il ne faut pas que la législation adoptée crée des inégalités entre les commerçants. Nous ne pouvons être très hardis en cette matière qu'en établissant cette égalité, qu'en nous gardant de favoriser les uns au détriment des autres.

En ce qui concerne le repos hebdomadaire, il nous a été dit souvent que les difficultés auxquelles la loi s'est heurtée venaient précisément de l'inégalité créée entre commerçants, par suite de l'absence de prescriptions relatives à la fermeture. Or, avec le système de la réglementation unique nous ferions des situations différentes à trois catégories de commerçants : 1° les grands, qui pourraient à l'aide de relais prolonger autant qu'ils le voudraient la durée d'ouverture ; 2° les tout petits qui n'ont aucun employé, qui, par suite ne seraient pas soumis à la loi et pourraient tenir leurs magasins très longuement ouverts ; 3° les petits ou moyens qui n'ont que quelques employés et qui ne pourraient pas instituer le système de relais : ils seraient obligés de fermer dès que les employés auraient travaillé le temps prescrit. Cette dernière catégorie de commerçants souffrirait de la concurrence des deux autres : d'où récriminations analogues à celles qu'a suscitées la loi sur le Repos Hebdomadaire. J'insisterai donc pour l'adoption du principe de la double réglementation.

Et puisqu'il s'agit de tenter une première expérience, je dirai, à l'inverse de ce qu'avançait M. Robert, que cette première expérience doit être heureuse et déjà suffisamment complète. Une expérience défectueuse découragerait les efforts futurs.

M. LE PRÉSIDENT. — Personne ne demandant la parole, je mets aux voix l'adoption du principe de la double réglementation proposée par M. Depitre.

Le principe est adopté.

II.— LA PRESCRIPTION D'UN REPOS ININTERROMPU DE 11 HEURES

M. Depitre. — Puisque le système de la double réglementation est admis, nous pouvons maintenant discuter successivement la réglementation du temps de travail et la réglementation du temps de la fermeture.

En ce qui concerne la première (réglementation du temps de travail), je vous ai proposé conformément à l'exemple allemand d'ailleurs, de réglementer la durée du repos : chaque employé devrait jouir d'un repos ininterrompu de onze heures. Dans une proposition de loi, dont les journaux viennent de publier le texte, M. de Mun propose au contraire la limitation de la durée du travail lui-même : il fixe à 10 heures la durée du travail de chaque employé.

Les deux systèmes ont leurs avantages et aussi leurs inconvénients. Celui que je vous ai proposé, prescrit un repos ininterrompu de onze heures : il reste treize heures, ce qui avec le repos pour le déjeuner peut faire encore jusqu'à 12 heures de travail et même davantage. Avec le système de M. de Mun la durée du travail est limitée à 10 heures : mais on retombe dans l'objection de l'inégalité créée entre les commerçants.

M. Maurice. — J'avoue mes préférences pour le système de M. de Mun. Il réglemente d'une part la durée du travail et d'autre part il oblige à la fermeture entre 9 heures du soir et 5 heures du matin. Cela correspond assez exactement à la législation existante dans l'industrie où d'une part la durée du travail des ouvriers est réglementée et où d'autre part le travail est interdit de nuit, c'est-à-dire entre 9 heures du soir et 5 heures du matin. Or nous arrivons à une période de codification de la législation ouvrière; il y aurait tout avantage à mettre en harmonie la réglementation commerciale et la réglementation industrielle.

M. MORIN. — La plus grande facilité de la codification ne paraît pas devoir être un argument bien puissant : il faut voir le mérite intrinsèque des systèmes.

M. DEPITRE. — D'autant plus que la codification dont il s'agit ne sera qu'une simple juxtaposition des lois ouvrières déjà votées.

M. AFTALION. — Le système de M. de Mun a ce pendant cet avantage de cadrer avec les principes admis par la législation et entrés dans les mœurs relativement à la réglementation de la durée du travail et au travail de nuit. Peut-être sera-t-il plus facile à faire adopter au Parlement. Ce serait aussi un bienfait que la durée du travail soit limitée à 10 heures. Je préférerais peut-être ainsi le texte de M. de Mun au texte actuel de M. Depitre. Mais ce dernier texte se prête à certaines modifications que je vous proposerai tout à l'heure, lesquelles font que je m'y rallie en définitive.

Le système de M. de Mun ne réalise pas entre commerçants l'égalité dont nous avons reconnu la nécessité. Comme le système de la réglementation unique, il favorise les grands commerçants qui, à l'aide de relais, pourront maintenir leurs magasins ouverts pendant 16 heures, de 5 heures du matin à 9 heures du soir, Il favorise également les tout petits commerçants qui pourront aussi ouvrir pendant 16 heures. Les petits et moyens commerçants, au contraire, seront obligés de fermer quand leurs employés auront terminé leurs 10 heures de travail. Ils ne pourront ouvrir leurs magasins que pendant 10 heures, ce qui les met évidemment en état d'infériorité dans la concurrence avec les autres commerçants.

M. LE PRÉSIDENT. — Je mets aux voix le principe de la fixation du repos ininterrompu proposé par M. Depitre.

Le principe est adopté.

M. LE PRÉSIDENT. — Quelle sera la durée du repos ininterrompu? Etes-vous d'avis d'adopter la durée de onze heures proposée par votre rapporteur ?

M. DEPITRE. — Le projet Doumergue fixait ce repos ininterrompu à dix heures. La Commission du travail et le projet Viviani l'ont porté à onze heures. C'est le chiffre que je vous demanderai d'accepter.

La durée de onze heures est adoptée.

M. MORIN. — Nous pourrions de suite voter l'art. 1 du texte de M. Depitre qui demande ce repos ininterrompu de onze heures. Mais je proposerai alors la suppression du membre de phrase qui n'établit cette prescription que pour les localités ayant une population supérieure à 1.000 habitants. Je ne vois pas de raison de faire échapper les employés de commerce à la protection de la loi dans les petites localités.

M. DEPITRE.— Dans les petites communes, les établissements commerciaux sont très modestes. Il y a peu d'employés (et les magasins sont d'ordinaire fermés très tôt). Souvent même il n'y a pas d'employés! Il me paraît inutile d'étendre la réglementation à des localités où il n'y a pour ainsi dire personne à protéger. En outre, dans ces petites villes ou bourgades, la longue durée du travail ou de l'ouverture des magasins n'a pas grand inconvénient, parce que le labeur n'y est nullement fatigant. On cause longuement avec la clientèle plutôt qu'on ne travaille à la servir.

M. DASSONVILLE. — Je ne suis pas sûr que la fermeture ait toujours lieu d'aussi bonne heure dans les petites villes. Je connais des bourgades dans le Midi où les magasins restent ouverts très tard.

M. LÉVÈQUE. — La petitesse de la localité n'implique pas nécessairement la petitesse des établissements commerciaux. Il arrive souvent que dans une petite commune est établi l'entrepôt d'une grande entreprise commerciale. J'en connais ainsi une où existe un entrepôt occupant une centaine de salariés.

M. DEMOGUE. — Je pourrais citer des faits semblables dans certaines localités des environs de Reims.

M. BARGERON. — C'est toujours un inconvénient pour deux communes voisines que dans l'une soit appliquée une loi à laquelle l'autre échappe. Les consommateurs peuvent se déplacer pour leurs achats d'une commune à l'autre. D'où des récriminations des commerçants de la localité soumise à la loi.

M. MORIN. — D'autant plus qu'il se peut fort bien que les magasins les plus importants et occupant le plus d'employés soient dans la plus petite commune. C'est le cas à Lannoy qui n'a guère que 2.000 habitants alors que sa voisine, Lys-lez-Lannoy, en a plus de 6.000 : les plus grands magasins sont à Lannoy.

M. Stoclet.— C'est peut-être là un fait exceptionnel, mais il est bien exact.

M. le Président. — Je mets aux voix l'art. 1er.

Il est adopté avec l'amendement de M. Morin. L'article est ainsi conçu :

Art. 1er. — *Dans tous les magasins, boutiques, bureaux de commerce, de l'industrie et leurs dépendances, le travail journalier de toute personne employée devra être suivi d'un repos ininterrompu, dont la durée ne peut être inférieure à onze heures.*

III. — LA FERMETURE DES ÉTABLISSEMENTS. DISPOSITIONS GÉNÉRALES

M. le Président. — La double réglementation proposée par M. Depitre et dont nous avons adopté le principe, est relative premièrement au repos ininterrompu et deuxièmement à la fermeture des magasins. Nous venons d'examiner ce qui concerne le repos ininterrompu. Nous passons maintenant à la fermeture des magasins.

M. Aftalion. — C'est ici que se place un amendement que j'ai déjà annoncé. C'est parce que le système de M. Depitre se prête à l'adoption de cet amendement qu'il me paraît préférable à la proposition de M. de Mun dont nous avons parlé précédemment. Sans cet amendement, j'aimerais mieux le texte de M. de Mun que le texte actuel de M. Depitre.

Dans l'un et l'autre texte on propose la fermeture des établissements pendant 8 heures, de 9 heures du soir à 5 heures du matin. Comment M. Depitre a-t-il justifié cette proposition ? Ce n'est pas en insistant sur son utilité en elle-même, sur la nécessité de l'interdiction du travail de nuit. Mais il nous a montré que c'est une mesure indispensable pour rendre facilement et équitablement applicable la règle relative au repos ininterrompu. Elle rend très aisé le contrôle de l'exécution de cette dernière règle. Et elle établit l'égalité entre commerçants au lieu de favoriser les toutes petites entreprises qui n'ont pas d'employés et les grandes qui peuvent recourir aux relais aux dépens des petits et moyens commerçants. Ses arguments m'ont frappé au point que je suis maintenant plus partisan que lui-même de sa propre thèse.

Il demande, en effet, d'une part un repos ininterrompu de 11 heures et d'autre part la fermeture des magasins pendant 8 heures. Il y a ainsi une différence de 3 heures entre les deux prescriptions. Et alors les objections faites au système de la réglementation unique peuvent être répétées contre son système de la double réglementation boiteuse, en ce qui concerne cet écart de 3 heures.

Le repos ininterrompu est de 11 heures. La fermeture obligatoire n'étant que de 8 heures, le contrôle se trouve facilité pour les 8 heures, non pour les 3 autres heures où les violations de la loi seront aisées. De même, le petit ou le moyen commerçant, qui n'a que peu d'employés et ne peut pratiquer le système de relais, devra, s'il veut obéir à la prescription de la loi relative au repos ininterrompu de 11 heures, fermer effectivement son magasin pendant 11 heures. Au contraire, le grand commerçant, grâce aux relais, et le petit commerçant pourront ne fermer que pendant 8 heures. Ils pourront laisser leurs magasins ouverts 3 heures de plus, soit 16 heures. Pour ces 3 heures, on ne retrouve plus ni l'avantage du contrôle facile ni celui de l'égalité entre commerçants. Pour conserver ces avantages, il me paraît donc désirable que la durée de la fermeture des magasins soit de 11 heures comme la durée du repos ininterrompu.

M. Depitre. — Je suis, en effet, frappé de cette objection. Mais comment prescrire une fermeture des magasins pendant 11 heures ? Quelles heures choisir ? Faudra-t-il fermer de 9 heures du soir à 8 heures du matin. Cela est impossible pour certains commerces comme ceux de l'alimentation, où une ouverture matinale est indispensable. Faudra-t-il fermer de 6 heures du soir à 5 heures du matin ? Je ne crois pas qu'on puisse songer à une fermeture aussi hâtive. L'essentiel est d'empêcher des fermetures trop tardives, d'empêcher que le magasin ne reste ouvert au-delà de 9 heures du soir. Mais il ne paraît pas aussi indispensable de retarder l'heure de l'ouverture. En fait, on n'ouvre de bonne heure qu'en cas de nécessité. Sauf dans l'alimentation, on n'ouvre guère avant 8 heures du matin.

M. Boulin. — Ailleurs que dans l'alimentation cependant on trouve de nombreux exemples de magasins ouverts sans nécessité avant 8 heures du matin, à 7 heures 1/2, à 7 heures, ou peut-être même avant. Il y aurait avantage à interdire ces ouvertures inutilement trop hâtives. Mais il faudrait que le texte de la loi permit de tenir compte des besoins particuliers aux divers commerces.

M. MORIN. — Je connais aussi beaucoup de cas d'ouvertures trop matinales.

M. AFTALION. — Le texte auquel je songe, édicterait en principe l'obligation de la fermeture de 9 heures du soir à 8 heures du matin. Mais les conseils municipaux pourraient, après consultation des intéressés fixer des heures spéciales d'ouverture et de fermeture pour certaines catégories professionnelles déterminées, sans cependant que l'ouverture puisse avoir lieu avant 5 heures du matin ni la fermeture après 9 heures du soir.

M. BARGERON. — Cette solution me paraît excellente. Mais dans le cas où le Conseil municipal aura fixé ainsi des heures spéciales d'ouverture et de fermeture pour certains commerces, quelle sera la durée de la fermeture ?

M. AFTALION. — La logique du système voudrait que la durée de la fermeture fût encore de 11 heures. Si l'ouverture pour telle catégorie de magasins est par exemple autorisée à 5 heures du matin, la fermeture devrait avoir lieu à 6 heures du soir. Mais je n'ose pas aller jusqu'au bout de mon système. Dans l'alimentation il doit y avoir bien des cas où il faut ouvrir de bonne heure le magasin, dès 5 heures par exemple, et où en même temps il serait difficile de fermer dès 6 heures du soir.

M. DASSONVILLE. — Il faudrait exclure le commerce de l'alimentation des prescriptions générales, régler d'abord la situation des autres commerces et proposer des textes spéciaux ensuite pour l'alimentation.

M. Depitre. — On peut en effet procéder ainsi. Je me rallie alors volontiers au système de M. Aftalion pour les commerces autres que ceux de l'alimentation. Les magasins devraient être fermés en principe de 9 heures du soir à 8 heures du matin. Les Conseils municipaux pourraient fixer des heures spéciales d'ouverture et de fermeture pour certaines catégories professionnelles sans que la durée de la fermeture puisse être inférieure à onze heures.

M. Boileau. — Bien entendu ces heures spéciales d'ouverture et de fermeture devraient être identiques pour tous les établissements de la même catégorie professionnelle et ne pas varier avec chaque établissement.

Mlle Lévêque. — On pourrait cependant admettre des heures différentes suivant les quartiers, car les conditions ne sont pas semblables dans les quartiers habités par une population ouvrière et dans les autres.

M. Robert. — Comment seront délimités les divers quartiers ?

M. Boulin. — Ils seront délimités par le Conseil municipal qui fixera les heures spéciales d'ouverture et de fermeture.

M. Depitre. — On pourrait demander aussi que le Conseil municipal consulte, avant de prescrire ces heures spéciales, non seulement les commerçants intéressés, mais encore les groupements d'employeurs et d'employés, et aussi, car les consommateurs doivent également avoir voix aux chapitre, les délégués des Associations de consommateurs s'il y en a dans la localité.

M. Aftalion. — Les *bureaux* ne doivent-ils pas être soumis à l'obligation de la fermeture? M. Depitre les soumet à la règle du repos ininterrompu mais non à celle de la fermeture. Cette différence est-elle bien justifiée? Je sais bien que la législation allemande avait omis les bureaux. Mais justement à la suite d'un mouvement d'opinion important, il est présentement question en Allemagne d'étendre aux bureaux les prescriptions relatives à la fermeture auxquelles sont soumis les magasins. L'application de la règle sera ici d'autant plus aisée que pour la plupart des bureaux ce que la loi édictera est déjà la situation de fait.

M. Depitre. — C'est justement cette situation de fait qui m'avait fait exclure les bureaux. Je m'inspirais toujours de cette idée qu'on ne doit pas légiférer là où cela est inutile. Le travail de bureau n'est pas très pénible et la durée du travail n'est pas très longue. D'autre part, il est certaines époques de l'année où un prolongement de la journée de labeur est réclamé et où la fermeture obligatoire pourrait être très gênante; ainsi partout à l'époque de l'inventaire, de la confection du bilan; ainsi dans les banques aux veilles de liquidation, ou encore chez les commissionnaires au moment des départs des paquebots.

M. Bargeron. — A la différence de M. Depitre, je considère comme très pénibles certains travaux des employés de bureau dans certains établissements, écritures, copies de lettres. Tout prolongement excessif de la durée du labeur me semble fâcheux.

M. Aftalion. — Si un mouvement d'opinion s'est dessiné en Allemagne pour l'extension de la règle de la fermeture des bureaux, c'est bien vraisemblablement qu'il y a des abus qu'il convient d'entraver. Si d'autre part, il y a des moments où la prolongation de la journée de labeur est indispensable, le texte de M. Depitre prévoit précisément des dérogations lesquelles pourront s'appliquer à ces moments-là.

M. Boulin. — Il est exact que dans la plupart des cas les abus n'existent pas. Mais la loi doit intervenir pour empêcher les abus dans la minorité des cas où ils se produisent.

M. Aftalion. — Pour tenir compte de l'ensemble d'observations qui ont été présentées, je vous propose le texte suivant et qui pourrait devenir l'art. 2 de nos résolutions. On pourrait le mettre aux voix par division :

Art. 2. — *Toutes boutiques, bureaux, magasins de vente autres que les magasins vendant principalement des articles d'alimentation doivent être fermés de 9 heures du soir à 8 heures du matin. Les conseils municipaux pourront, cependant, après consultation des commerçants intéressés, des groupements d'employeurs et d'employés, ainsi que des délégués des associations de consommateurs, s'il en existe, fixer des heures spéciales d'ouverture et de fermeture pour certaines catégories professionnelles déterminées, sans que cependant l'ouverture puisse avoir lieu avant 5 heures du matin, ni la fermeture après 9 heures, et sans que le temps total de la fermeture puisse être inférieur à 11 heures. Ces heures d'ouverture et de fermeture spéciales devront être identiques pour tous les établissements de la même catégorie professionnelle situés soit dans la commune, soit dans tel quartier que désignera le Conseil municipal.*

Les diverses parties et l'ensemble de l'article sont successivement adoptés.

Mlle Lévêque. — Ne faudrait-il pas ajouter que tout travail devrait être prohibé pendant l'heure de la fermeture légale ?

M. Labbé. — Cependant, il est certains travaux de rangement qui ne peuvent avoir lieu qu'après la fermeture de l'établissement.

M. Morin. — Sans doute. Mais il n'y a qu'à fermer un peu avant l'heure de la fermeture légale. Il ne s'agit pas d'interdire tout travail quand le magasin est fermé, mais d'interdire tout travail aux heures de fermeture légale.

M. Demogue. — Le travail des livreurs sera-t-il prohibé aussi pendant les heures de la fermeture légale ? Et s'il l'est, comment se fera le contrôle ?

M. Boileau. — Le contrôle sera aisé pour les livreurs en tenue qu'on rencontrerait faisant leur service aux heures de fermeture légale.

M. Dassonville. — Le contrôle sera évidemment impossible pour les livraisons faites par les petits établissements. Souvent on fait faire ces livraisons par un jeune employé après la fermeture. Il sera naturellement difficile de savoir s'il porte un paquet chez lui ou chez un client. Quelques petites violations de la loi sont inévitables.

M. Depitre. — Voici le texte que je vous propose comme art. 3 de notre projet :

Art. 3. — *Les employés ne pourront être occupés à aucun travail pendant le temps de la fermeture légale de l'établissement.*

L'art. 3 est adopté.

IV. — LA FERMETURE DES ÉTABLISSEMENTS : DISPOSITIONS SPÉCIALES AU COMMERCE DE L'ALIMENTATION.

M. DEPITRE. — Pour le commerce de l'*alimentation*, il faut se résoudre à accepter l'absence de concordance entre la durée du repos ininterrompu que notre art. 1 a fixé à 11 heures et la durée de la fermeture que je vous propose ici de fixer à 8 heures seulement, de 9 heures du soir à 5 heures du matin. Encore, pour un certain nombre d'établissements, tels que les hôtels, les cafés, les restaurants, suis je obligé de renoncer complètement à toute règle de fermeture des établissements, et la seule réglementation qui subsisterait serait celle du repos ininterrompu de 11 heures pour les employés.

M. BOURRILLON. — Outre les hôtels, les cafés, les restaurants, il est d'autres établissements encore où toute règle de fermeture est difficile à établir. Un grand nombre de personnes travaillent de nuit et ont besoin de s'approvisionner pendant la nuit. Tel est le cas des employés de chemin de fer occupés la nuit et qui trouvent aux environs des gares des établissements non seulement ouverts à la consommation sur place, mais encore mettant en vente des provisions à emporter.

M. LABBÉ. — Ajoutez à cela les halles, où le trafic commence de très bonne heure à Lille et encore plus tôt à Paris. On ne peut songer à supprimer ce travail de nuit.

M. MAURICE. — En dehors même des halles, il y a des marchands en gros approvisionnés par des voitures venant directement de la campagne à des heures très matinales, afin qu'ils aient le temps ensuite de répartir les denrées entre les établissements de détail.

M. Aftalion. — A l'occasion de la grève des garçons laitiers à Paris, les journaux nous informent que certains commencent leur travail à une heure du matin.

M. Stoclet. — Il faudrait supprimer toute règle relative à la fermeture des établissements pour le commerce de l'alimentation.

M. Maurice. — Je serais assez de cet avis.

M. Aftalion. — Ne pourrait-on pas au moins maintenir le principe de la fermeture en laissant à un règlement d'administration publique le soin d'apporter des dérogations à ce principe pour un certain nombre de commerces. Il est tout de même certaines catégories du commerce de l'alimentation où la fermeture de 9 heures du soir à 5 heures du matin est possible. Malgré les objections qu'on peut faire à l'habitude législative actuelle de renvoyer la solution des cas difficiles au règlement d'administration publique, c'est là cependant une pratique parfois excellente. Dans les cas où les mœurs, les usages, les circonstances économiques se transforment, le règlement d'administration publique peut plus aisément que la loi par des modifications successives adapter les principes à la mobilité des conditions qui se présentent.

M. Depitre. — Dans ces dernières hypothèses en effet, j'admets l'utilité du règlement d'administration publique et je me rallie volontiers à cette solution. Voici donc le texte que je vous propose pour notre article 4.

ART. 4. — *Les magasins d'articles d'alimentation devront être fermés de neuf heures du soir à cinq heures du matin. Cette disposition ne s'applique pas aux hôtels, cafés, restaurants et autres commerces d'alimentation prévus par un règlement d'administration publique, lesquels seront seulement soumis à la prescription de l'art. 1er, relative au repos ininterrompu de onze heures pour le personnel employé.*

Ce texte est adopté.

V. — LES DÉROGATIONS

M. DEPITRE. — En ce qui concerne les *dérogations*, je soumets à vos délibérations le nouveau texte que voici ;

ART. 5. — *Des dérogations aux principes posés dans les art. 1, 2 et 4 seront seulement admises :*

1° Le samedi de chaque semaine où le travail et l'ouverture de l'établissement pourront être prolongés jusque dix heures ;

2° Dans les cas imprévus ou dans les cas urgents. lorsqu'il s'agit par exemple, de travaux qui doivent être exécutés immédiatement afin d'éviter la détérioration des marchandises ;

3° Pendant 30 jours par an, au maximum, lesquels seront fixés par l'autorité de police locale.

M. DECAILLY. — Je demande une double modification au 2° de cet article. Il faudrait définir et délimiter les cas imprévus et urgents. On ne peut pas laisser les commerçants juges d'apprécier ces cas. Ils se multiplieraient considérablement. Et en second lieu, je propose que le commerçant soit tenu de prévenir chaque fois l'inspection du travail.

M. MORIN. — Au lieu d'imprévus et urgents on pourrait dire : dans les cas de force majeure. La législation existante connait déjà ces cas de force majeure. Une jurisprudence est établie à cet égard. Elle s'appliquera encore ici.

M. DECAILLY. — Au sujet du 3°, je vois que pendant 30 jours par an, fixés par l'autorité de police locale, il sera dérogé aux règles relatives au repos ininterrompu et à la fermeture des établissements. Mais il faudrait fixer une limite de temps à ces dérogations, déclarer comme dans le 1° que l'ouverture de l'établissement ne pourra se prolonger au-delà de 10 heures du soir.

Mlle LÉVÊQUE. — Est-ce que 30 jours par an ne sont pas un chiffre excessif ?

M. ROBERT. — Ne devrait-on pas dire que la dérogation ne doit pas s'appliquer aux enfants de moins de 18 ans sauf le cas de nécessité absolue ?

M. MASSON. — Je serais assez partisan d'une diminution du nombre de jours de dérogation ou de la non extension de la dérogation aux enfants de moins de 18 ans.

M. DEPITRE. — Je vous demanderai de n'amoindrir d'aucune façon l'étendue de la dérogation que je propose. Il ne faut pas reprendre d'une main ce qu'on donnerait de l'autre. Si la loi allemande a admis des dérogations semblables, c'est parce qu'elle a dû tenir compte d'un grand nombre d'hypothèses particulières, variables suivant les lieux et les commerces où l'absence de dérogations aurait été fort gênante.

M. Aftalion. — J'ajoute que nous avons adopté dans les articles précédents une réglementation plus stricte encore que celle de la législation Allemande. Aussi est-il utile par des dérogations assez larges de donner une certaine élasticité à la loi afin qu'elle s'adapte à toute la diversité des circonstances. Il me parait préférable ainsi de ne pas ordonner la fermeture à 10 heures des établissements les jours de dérogations ni de faire de distinctions suivant l'âge des employés occupés.

M. Boulin. — A certains moments de l'année, qu'il s'agisse de la Braderie à Lille, du Carnaval à Nice, je crois qu'il serait bien difficile d'ordonner la fermeture à 10 heures.

M. Lévêque. — Il ne serait pas aisé non plus pour le service du contrôle de connaître avec exactitude l'âge de divers employés.

M. Decailly. — Je n'insiste plus pour ma part pour l'adoption de mon amendement relatif au 3°.

M. Depitre. — Voici en définitive le texte que nous pourrions mettre aux voix :

Art. 5. — *Des dérogations aux principes posés dans les art. 1, 2 et 4 seront seulement admises ;*

1°) Le samedi de chaque semaine où le travail et l'ouverture de l'établissement pourront être prolongés jusque 10 heures.

2°) *Dans les cas de force majeure, lorsqu'il s'agit par exemple de travaux imprévus qui doivent être exécutés immédiatement afin d'éviter la détérioration des marchandises. Le service du contrôle devra être avisé avant le commencement du travail.*

3°) *Pendant 30 jours par an, au maximum, lesquels seront fixés par l'autorité de police locale.*

L'article 5 ainsi conçu est adopté.

VI. — L'AUGMENTATION DE LA DURÉE DE LA FERMETURE LÉGALE DES ÉTABLISSEMENTS SUR AVIS CONFORME DES COMMERÇANTS INTÉRESSÉS.

M. DEPITRE. — Nous arrivons maintenant à des dispositions dont je vous ai expliqué l'intérêt dans mon rapport en m'appuyant sur la législation allemande et sur les faits qui ont suivi.

En voici le texte :

ART. 6. — *Les conseils municipaux devront provoquer une consultation des chefs d'établissements commerciaux et, sur avis favorable des deux tiers des intéressés, décider la fermeture à une heure déterminée (avant neuf heures du soir) et l'ouverture (après huit heures du matin) des établissements faisant le même genre d'affaires et s'adressant à la même clientèle.*

ART. 7. — *L'arrêté du maire ne sera exécutoire que trois mois après sa notification aux intéressés. Il pourra être déféré au Conseil d'Etat dans le mois de sa notification aux intéressés. Dans ce cas, il ne sera pas exécutoire avant notification de la décision du Conseil d'Etat.*

M. Levé. — Vous proposez en somme que quand la grande majorité des commerçants intéressés accepte la fermeture des établissements avant 9 heures du soir et par exemple à 8 heures, l'heure légale de la fermeture soit de 8 heures pour tous les établissements de la même catégorie professionnelle. Mais l'intervention légale est-elle bien nécessaire? Ceux des commerçants qui sont d'avis de fermer à 8 heures le feront. Par leur exemple, ils entraîneront peu à peu les autres. La pratique se généraliserait sans l'intervention légale. On peut constater actuellement à Lille une tendance très marquée dans les magasins à fermer moins tardivement. Laissons faire les mœurs.

M. Aftalion.— Puisque M. Levé déclare avoir constaté une tendance en ce sens, je suis persuadé qu'elle existe et j'en suis très heureux. Cependant, il est d'autres exemples très fréquents et très connus où des majorités de commerçants avaient décidé une fermeture moins tardive des magasins et où cette décision n'a pu être exécutée que très peu de temps à cause de l'opposition d'un petit nombre de récalcitrants. La concurrence amenait bientôt les voisins de ces récalcitrants à prolonger également la durée de la fermeture des magasins. De proche en proche, tous revenaient aux anciens errements. L'avantage de la loi en cette matière comme en d'autres est de rendre obligatoire pour tous ce que la grande majorité des intéressés désire et ce qu'elle serait impuissante à réaliser par suite de la mauvaise volonté d'une poignée de personnes. En outre, après l'intervention légale, tout retour en arrière est impossible; tandis que si nous laissons faire les mœurs, il est toujours à craindre que certains commerçants ne reviennent sur leur décision et que la concurrence n'entraîne aussi les autres à laisser ouverts leurs magasins trop longtemps,

M. DEPITRE. — Il me semble que M. Levé devrait être sympathique à cette proposition qui consiste à demander aux intéressés de décider eux-mêmes ce qui leur convient, à les faire participer à une réglementation qui les concerne. Il y a là une expérience en vue d'un perfectionnement progressif de la loi sous l'action des commerçants eux-mêmes qui a donné d'excellents résultats en Allemagne et qu'il convient d'introduire aussi en France.

M. LEVÉ. — Je n'insiste pas.

M. BOURRILLON. — La consultation des chefs d'établissements devrait se faire par quartiers dans les grandes villes. Peut-être la grande majorité des commerçants de tel arrondissement parisien accepterait volontiers une fermeture hâtive des établissements, à laquelle la majorité des commerçants d'un autre arrondissement est hostile à cause de la différence des habitudes, des besoins, provenant de la différence de la population plus ouvrière ou plus bourgeoise.

M. MORIN. — Sans être hostile à cette consultation par quartiers, je voudrais bien qu'on ne renonçât pas à la phrase excellente du texte où il est parlé d'heures spéciales pour les établissements « faisant le même genre d'affaires et s'adressant à la même clientèle ».

M. DEPITRE. — On peut très bien superposer la

spécialisation par clientèle à la spécialisation par quartier que propose M. Bourillon.

L'article 6 est adopté avec cette addition *in fine* : « ..... soit dans toute l'étendue de la commune, soit dans tel quartier déterminé ».

L'article 7 est voté sans changement.

VII. — LE CONTROLE ET LES PÉNALITÉS

M. Depitre. — Pour le contrôle et les pénalités, je propose d'accepter les dispositions du projet Viviani.

M. Boulin. — En ce qui concerne le contrôle, l'art. 8 pourrait être ainsi formulé :

Art. 8. — *Les inspecteurs du travail et les officiers de police judiciaire sont chargés d'assurer le contrôle de la loi.*

M. Decailly. — Il me paraît qu'il ne peut appartenir à l'inspection du travail de procéder à la fermeture des magasins. Ceci doit être fait par la police locale. Elle le fait déjà pour les cabarets.

M. Aftalion. — Il ne faut pas trop s'en remettre à la police locale qui s'intéresse sans doute à la fermeture des cabarets parce qu'il s'agit d'eviter du désordre, mais qui ne s'intéresserait peut-être pas beaucoup à la fermeture de magasins. D'ailleurs, il n'est pas demandé à l'inspection du travail de faire fermer les magasins, mais seulement de dresser procès-verbal.

L'article 8 est adopté avec le texte indiqué ci-dessus.

M. BOULIN. — En ce qui concerne les *pénalités*, on pourrait déclarer :

ART. 9. — *Les pénalités seront celles qui sont prévues par les art. 26 à 29 de la loi du 2 novembre 1892.*

M. LEVÉ. — Je ne suis pas très partisan de ces renvois à une loi antérieure. De tels renvois rendent très difficile pour les intéressés la connaissance de la législation qui les concerne. Alors que pour être fixés ils s'imaginaient pouvoir consulter une seule loi, ils s'aperçoivent qu'ils doivent en consulter un certain nombre d'autres auxquelles il est renvoyé. Pourquoi ne pas reproduire ici le texte de la loi de 1892 au lieu d'y renvoyer ?

M. DEPITRE. — L'objection de M. Levé porte contre les lois votées au Parlement. Mais dans notre Association, nous ne votons pas des textes de loi complets. Nous adoptons seulement quelques principes généraux. C'est pourquoi il n'y a pas utilité ici à reproduire les textes de la loi de 1892.

M. MORIN, — Je propose que nous indiquions nettement, pour empêcher la possibilité d'une jurisprudence contraire, qu'il y aura autant d'amendes prononcées que d'employés occupés contrairement à la loi.

M. BARGERON. — Il doit y avoir une amende pour la non fermeture de l'établissement, même si aucun employé n'est plus dans le magasin. Il doit y avoir en outre autant d'amendes que d'employés retenus après l'heure légale de la fermeture.

M. BOURRILLON. — Voici le texte qui pourrait être voté :

ART. 9. — *Les pénalités sont celles qui sont prévues par les art. 26 à 29 de la loi du 2 novembre 1892. Au cas de non fermeture, l'amende sera prononcée autant de fois qu'il y aura d'employés retenus contrairement aux prescriptions de la loi, indépendamment de l'amende sanctionnant la non fermeture.*

Ce texte, puis l'ensemble des vœux sont successivement adoptés.

TEXTE DES VŒUX ADOPTÉS

ARTICLE 1er. — *Dans tous les magasins, boutiques, bureaux de commerce, de l'industrie et leurs dépendances, le travail journalier de toute personne employée devra être suivi d'un repos ininterrompu, dont la durée ne peut être inférieure à onze heures.*

ART. 2. — *Toutes boutiques, bureaux, magasins de vente, autres que les magasins vendant principalement des articles d'alimentation, doivent être fermés de neuf heures du soir à huit heures du matin. Les conseils municipaux pourront, cependant, après consultation des commerçants intéressés, des groupements d'employeurs et d'employés, ainsi que des délégués des Associations de consommateurs, s'il en existe, fixer des heures spéciales d'ouverture et de fermeture pour certaines catégories professionnelles déterminées, sans que cependant l'ouverture puisse avoir lieu avant cinq heures du matin, ni la fermeture après neuf heures du soir et sans que le temps total de la fermeture puisse être inférieur à onze heures. Ces heures d'ouverture et de fermeture spéciales devront être identiques pour tous les établissements de la même catégorie professionnelle situés, soit dans la commune, soit dans tel quartier que désignera le Conseil municipal.*

ART. 3. — *Les employés ne pourront être occupés à aucun travail pendant le temps de la fermeture légale de l'établissement.*

ART. 4. — *Les magasins d'articles d'alimentation devront être fermés de neuf heures du soir à cinq heures du matin. Cette disposition ne s'applique pas aux hôtels, cafés et autres commerces d'alimentation prévus par un règlement d'administration publique, lesquels seront seulement soumis à la prescription de l'art. 1er, relative au repos ininterrompu de onze heures pour le personnel employé.*

ART. 5. — *Des dérogations aux principes posés dans les art. 1, 2 et 4 seront seulement admises :*

1° Le samedi de chaque semaine où le travail et l'ouverture de l'établissement pourront être prolongés jusque dix heures ;

2° Dans les cas de force majeure, lorsqu'il s'agit, par exemple, de travaux imprévus qui doivent être exécutés immédiatement afin d'éviter la détérioration des marchandises. Le service du contrôle devra être avisé avant le commencement du travail ;

3° Pendant 30 jours par an, au maximum, lesquels seront fixés par l'autorité de police locale.

ART. 6. — *Les conseils municipaux devront provoquer une consultation des chefs d'établissements commerciaux et, sur avis favorable des deux tiers des intéressés, décider la fermeture à une heure déterminée (avant neuf heures du soir) et l'ouverture (après huit heures du matin) des établissements faisant le même genre d'affaires et s'adressant à la même clientèle, soit dans toute l'étendue de la commune, soit dans tel quartier déterminé.*

ART. 7. — *L'arrêté du maire ne sera exécutoire que trois mois après sa notification aux intéressés. Il pourra être déféré au Conseil d'Etat dans le mois de sa notification aux intéres*

Dans ce cas, il ne sera pas exécutoire avant notification de la décision du Conseil d'Etat

ART. 8. — *Les inspecteurs du travail et les officiers de police judiciaire sont chargés d'assurer le contrôle de la loi.*

ART. 9. — *Les pénalités sont celles qui sont prévues par les art. 26 à 29 de la loi du 2 novembre 1892. Au cas de non fermeture, l'amende sera prononcée autant de fois qu'il y aura d'employés retenus contrairement aux prescriptions de la loi, indépendamment de l'amende sanctionnant la non fermeture.*

LA RÉDUCTION
DU NOMBRE DES ENFANTS EMPLOYÉS LA NUIT DANS LES VERRERIES

RAPPORT DE M. LÉVÊQUE,

Inspecteur départemental du Travail à Douai (1)

Il y a deux ans, j'ai eu l'honneur de présenter à l'Association du Nord pour la Protection légale des Travailleurs, un rapport sur le travail de nuit des enfants dans les usines à feu continu. A la suite de ce rapport et après discussion, le vœu suivant a été adopté par l'Assemblée :

L'Association du Nord pour la Protection légale des Travailleurs, considérant les graves inconvénients du travail de nuit des enfants, estimant que le changement des conditions techniques et économiques depuis une quinzaine d'années permet de restreindre le travail de nuit des enfants plus étroitement que ne le fait le décret du 15 juillet 1893 et de l'interdire totalement

---

(1) Rapport présenté à la séance du 28 mars 1911.

dans les industries et les travaux autres que les suivants,

Émet le vœu que l'art. 4 du décret du 15 juillet 1893 soit modifié ainsi qu'il suit :

« Dans les usines à feu continu où des enfants du sexe masculin sont employés la nuit, les travaux tolérés pour cette catégorie de travailleurs sont les suivants :

USINES MÉTALLURGIQUES : *Aider aux travaux accessoires de laminage et de martelage ;*

VERRERIES A VITRES : *Présenter les outils, faire les premiers cueillages, aider au soufflage. Porter dans les fours à recuire, en retirer les objets ;*

VERRERIES A BOUTEILLES : *Présenter les outils, faire les premiers cueillages, aider au soufflage.*

Lorsque les femmes majeures et les enfants sont employés toute la nuit, leur travail doit être coupé par des intervalles de repos représentant un temps total de repos au moins égal à deux heures.

L'un de ces intervalles de repos aura une durée d'au moins une heure ininterrompue.

La durée du travail effectif ne peut d'ailleurs pas dépasser dans les 24 heures, 10 heures pour les femmes et les enfants.

Nous demandions donc, par ce vœu, la suppression du travail de nuit des enfants, dans toutes les usines à feu continu, sauf dans les usines métallurgiques et les verreries.

En ce qui concerne ces derniers établissements, nous faisions une distinction entre les verreries à vitres et les verreries à bouteilles et nous demandions l'interdiction du travail de nuit des porteurs de bouteilles. Cette catégorie d'enfants représente environ la moitié du personnel enfantin occupé la nuit.

Par contre, aucune amélioration n'était demandée relativement aux verreries à vitres qui sont de beaucoup les plus nombreuses et emploient le plus d'enfants la nuit. C'est pourquoi, depuis deux ans, je me suis attaché spécialement à l'étude de l'organisation du travail de ces usines et que j'ai pu me rendre compte de la possibilité d'interdire le travail de nuit des enfants occupés dans les verreries à vitres à « présenter les outils, faire les premiers cueillages, aider au soufflage ».

Cette interdiction aurait une très grande importance, car elle intéresse la moitié des enfants occupés dans les verreries à vitres. Il résulterait donc de l'adoption des vœux que nous avons émis en 1909 et de celui que je vous propose aujourd'hui, une diminution de la moitié des enfants occupés la nuit dans les verreries. Si d'autre part, on considère que de 1907 à 1909, ce nombre a déjà diminué de 600 par suite de l'adoption des transporteurs et autres appareils mécaniques ainsi que d'une meilleure organisation de travail, que de plus des procédés mécaniques permettront prochainement de supprimer les changeurs et pousseurs de pierres aux étenderies, il est certain qu'on arrive à constater une diminution progressive des enfants travaillant la nuit et on peut espérer que bientôt leur petit nombre permettra de les remplacer par des adultes sans mettre l'industrie verrière française en état d'infériorité économique devant la concurrence étrangère.

Il se peut aussi que cette solution soit hâtée par la fabrication mécanique qui est déjà florissante aux

Etats Unis, est implantée en Angleterre et a déjà fait son apparition en France.

Ainsi que je vous l'ai dit il y a deux ans, les dérogations de l'article 4 du décret du 15 juillet 1893 s'appliquent, dans les verreries à vitres : 1° aux cueilleurs ; 2° aux gamins d'étenderie. Il ne s'agit aujourd'hui que des cueilleurs.

Avant de vous exposer comment, selon moi, on peut arriver à ne plus occuper les jeunes cueilleurs pendant la nuit, il est indispensable que je vous dise en quelques mots comment est organisé le travail du soufflage des canons qui, fendus et étendus, constituent le verre à vitres.

En principe, une équipe de soufflage ou *place*, est composée de trois ouvriers : 1° le *cueilleur* qui fait les premiers cueillages ; 2° le *gamin* qui continue à cueillir jusqu'à ce que la quantité de verre adhérente à la canne soit suffisante pour faire le canon ; 3° le *souffleur* qui fait la *paraison*, c'est-à-dire pare le cueillage de verre en l'arrondissant dans un bloc creux en bois et qui termine le canon. De ces trois ouvriers le cueilleur seul est un enfant. Par exception les places qui font les grandes mesures, canons de grandes dimensions en verre double, ont un cueilleur adulte; ces places exceptionnelles sont les grand'places.

Cette organisation est comme je l'ai dit une organisation de principe, car en réalité, il en est autrement dans la pratique.

D'abord toutes les places sont doublées, c'est-à-dire que sur la même place, au même ouvreau travaillent deux équipes composées chacune d'un souffleur, d'un gamin et d'un seul cueilleur pour les deux équipes.

Exception est faite pour les grand'places qui ont chacune leur cueilleur.

La deuxième exception, c'est qu'en réalité le gamin fait la paraison du cueillage, travail qui normalement doit être fait par le souffleur ; ce dernier paye le gamin de ses propres deniers pour le travail supplémentaire qu'il lui impose. Ce pourboire, ou *dringuelle* comme on dit en terme de verrerie, varie de 10 à 15 fr. par mois.

Pour l'organisation des heures de travail, le personnel est divisé en trois grandes équipes qui travaillent à tour de rôle et que, pour faciliter les explications qui vont suivre, nous appellerons A. B. C. L'alternance des équipes se fait d'une façon tellement bizarre que je crois utile de vous la décrire : La durée de la présence au travail de chaque équipe est de 9 heures coupées par un repos facultatif d'une demi-heure ; en outre, entre chaque équipe et celle qui lui succède, il y a un chômage d'une demi-heure. Voici d'ailleurs un type d'horaire de travail d'un four de verrerie à vitres :

LUNDI. — Equipe A, 5 h. matin à 2 h. soir. — B, 2 h. 1/2 soir à 11 h. 1/2 soir.

MARDI. — C, Minuit à 9 h. matin. — A, 9 h. 1/2 matin à 6 h. 1/2 soir. — B, 7 h. soir à

MERCREDI. — 4 h. matin. — C, 4 h. 1/2 matin à 1 h. 1/2 soir. — A, 2 h. soir à 11 h. soir. — B, 11 h. 1/2 soir à

JEUDI. — 8 h. 1/2 matin. — C, 9 h. matin à 6. h. soir. — A, 6 h. 1/2 soir à

VENDREDI. — 3 h. 1/2 matin. — B, 4 h. matin à 1 h. soir. — C, 1 h. 1/2 soir à 10 h. 1/2 soir. — A, 11 h. soir à

SAMEDI. — 8 h. matin. — B, 8 h. 1/2 matin à 5 h. 1/2 soir. — C, 6 h. soir à

DIMANCHE. — 3 h. matin. — A, 3 h. 1/2 matin à 12 h. 1/2.

Vous voyez immédiatement les nombreux inconvénients de cette organisation. Les ouvriers ne travaillent jamais deux jours de suite à la même heure, ils n'ont aucune régularité dans leurs repos, non plus que dans leur repas; tantôt ils dorment pendant la nuit, tantôt pendant le jour, et même souvent pendant une partie du jour et une partie de la nuit.

Au sujet de la question qui nous occupe, cette organisation présente un autre inconvénient : elle ne permet pas de supprimer le cueilleur pendant la nuit sans le supprimer également pendant le jour. Or, cette suppression totale aurait des effets désastreux pour l'apprentissage.

Comme dans le cours de ce rapport, il sera question de comparaisons de salaires et de productions évaluées en feuilles de verre, je crois indispensable de vous donner quelques explications à ce sujet.

Les dimensions des feuilles de verre sont très nombreuses, mais la superficie courante est toujours d'environ 45 décimètres carrés. Ces feuilles pèsent :

En verre simple, 4 livres.

En verre demi-double, 6 livres.

En verre double, 8 livres.

Pour les évaluations et les comparaisons de production de même que pour l'établissement des salaires les canons fabriqués sont réduits en feuilles de verre simple de 4 livres.

A surface égale le verre demi-double vaut une fois et demie le verre simple, et le verre double deux fois le verre simple.

Ainsi une caisse de verre qui est l'unité commerciale contient :

27 mètres carrés ou 60 feuilles de verre simple.					
18	»	»	40	»	demi-double.
13,5	»	»	30	»	verre double.

Les canons étant ainsi évalués en feuilles de verre simple de 4 livres, le souffleur touche 90 fr. par millier de feuilles. Sur son salaire, le patron lui retient 90 fr. par mois pour payer le gamin.

Le gamin est payé de 32 à 35 fr. les mille feuilles suivant les mesures.

Enfin le salaire du cueilleur est de 60 fr. à 75 fr. par mois.

Une place ayant produit par exemple 5000 feuilles en un mois, le souffleur touchera :

5 × 90 fr. = 450 fr. — 90 fr. = 360 fr.

Le gamin touchera :

5 × 35 fr. = 175 fr.

En outre pour les grandes mesures en verre double, les souffleurs bénéficient de suppléments de salaires suivant les dimensions et les poids des canons.

Pour que l'interdiction du travail de nuit des jeunes cueilleurs puisse être réalisée sans soulever d'objections, il faut que cette interdiction n'entraîne ni diminution de salaire pour les ouvriers, ni diminution de production qui augmenterait le prix de revient dans des proportions telles que les patrons se trouveraient en état d'infériorité devant la concurrence internationale. Enfin, elle ne doit pas nuire à l'apprentissage.

C'est ce triple problème que je vais essayer de résoudre.

D'abord pour que l'interdiction du travail de nuit des cueilleurs ne porte aucun préjudice à l'apprentissage, il est indispensable que ces enfants soient maintenus dans les équipes de jour. Il faut donc commencer par répartir le travail de façon que les équipes puissent travailler, l'une pendant la nuit, les deux autres pendant le jour ; l'alternance serait faite de manière que chaque équipe travaille pendant la nuit une semaine sur trois. Cette répartition du travail se trouve facilitée par la fixation du commencement et de la fin de la nuit légale. En effet, d'après l'article 4 de la loi du 2 Novembre 1892, tout travail exécuté entre 9 heures du soir et 5 heures du matin est considéré comme travail de nuit. Nous remarquons immédiatement que cette nuit légale a une durée de 8 heures, le tiers du jour. Il suffit donc, pour résoudre le problème, que l'équipe de nuit travaille de 9 heures du soir à 5 heures du matin et les équipes de jour : l'une de 5 heures du matin à 1 heure, l'autre de 1 heure à 9 heures du soir.

Cette organisation du travail en trois équipes de 8 heures chacune existe déjà dans la plupart des verreries à bouteilles. Elle existe maintenant aussi, fait beaucoup plus intéressant, dans une verrerie à vitres. Cette innovation qui ne date que de quelques mois va me permettre d'établir que la production augmente sensiblement par le fait du travail en trois équipes de

8 heures. On trouvera cette comparaison dans les tableaux suivants :

La verrerie en question occupe 28 souffleurs répartis en 3 équipes : deux équipes de 9 souffleurs et une équipe de 10 souffleurs.

ANCIEN RÉGIME. — JOURNÉES DE 9 HEURES

MOIS	Nombre moyen de feuilles par jour et par place	Nombre moyen de feuilles par heure et par place
Novembre 1909	234	26.0
Décembre 1909	223	24.8
Janvier 1910.	227	25.2
Février 1910.	231	25.7
Moyennes.	229	25.44

NOUVEAU RÉGIME. — JOURNÉES DE 8 HEURES

MOIS	Nombre moyen de feuilles par jour et par place	Nombre moyen de feuilles par heure et par place
Novembre 1910	201	25.1
Décembre 1910	208	26.0
Janvier 1911.	216	27.0
Février 1911.	213	26.6
Moyennes.	209	26.14

On voit par ces tableaux comparatifs que la production moyenne par heure a augmenté de 7 dixièmes de feuille. Or comme le souffleur et le gamin sont payés aux mille feuilles, leur salaire a augmenté dans la même proportion. Quant au cueilleur, son salaire mensuel est fixe.

En résumé, il est facile de changer l'organisation actuelle du travail, en faisant coïncider les heures de travail avec les heures du commencement et de la fin de la nuit légale, ce qui permettrait de conserver les cueilleurs dans les équipes de jour tout en les supprimant dans l'équipe de nuit. Cette nouvelle organisation n'influe ni sur le salaire de l'ouvrier, ni sur la production.

Ceci étant établi, nous arrivons maintenant à la suppression du cueilleur pendant la nuit. Il faut d'abord étudier comment pourront travailler le souffleur et le gamin quand ils n'auront plus de cueilleur.

La réponse à cette question peut se résumer en ces mots ; le souffleur fera lui-même ses paraisons.

Je vous ai dit, en effet, que la paraison qui, en principe doit être faite par le souffleur est en réalité toujours faite par le gamin. Cette modification dans l'attribution des rôles provient de ce que les souffleurs qui ont des salaires très élevés ont trouvé bon de se débarrasser à bon compte d'une partie importante du travail qu'ils doivent fournir. Le résultat qui s'est produit immédiatement c'est que le gamin étant surchargé par la besogne supplémentaire que lui imposait le souffleur, la production diminuait. Les patrons, qui n[e] peuvent travailler économiquement qu'à la condi[tio]n de produire le plus possible, ont obvié à cet inconvénient en fournissant un aide au gamin ; cet aide c'est le cueilleur.

Ce que j'avance ici est tellement vrai que dans son important ouvrage « Le Verre et le Cristal », M. Henrivaux, directeur de la Manufacture de Glaces de St-Gobain décrit ainsi le soufflage des canons : « Chaque place est desservie par un souffleur et un aide qu'on désigne dans toutes les verreries sous le nom de gamin..... Jusqu'au 3me cueillage le travail est fait par le gamin ; le quatrième cueillage est fait par l'ouvrier souffleur qui pare la masse de verre, puis la souffle en la marbrant dans le bloc posé sur le devant de la place ». Il n'est nullement question de cueilleur. Une autre preuve, c'est que le souffleur paye lui-même le gamin qui fait les paraisons et que, par leur contrat de travail, les souffleurs s'engagent à travailler sans cueilleur quand cela est nécessaire. Dans ce cas, le gamin touche 15 p. % en plus de son salaire normal.

Etant donné que le cueilleur n'est qu'un auxilliaire facultatif et que les ouvriers peuvent et doivent travailler sans cet auxilliaire, il ne reste qu'à établir que la production n'est pas diminuée quand les places n'ont pas de cueilleur. Pour cela j'ai fait une enquête dans une verrerie qui n'occupe que très peu de cueilleurs.

Le four de fusion a 7 places doublées soit 14 souffleurs par équipe et 42 souffleurs pour les 3 équipes. Or, il n'y a que 11 cueilleurs desservant chacun deux souffleurs soit 22 souffleurs. Les 20 autres places n'ont pas de cueilleurs.

Grâce aux renseignements précis qui m'ont été donnés, j'ai pu établir le tableau suivant donnant la production réalisée par 18 places sans cueilleurs faisant des verres simples :

MOIS	Nombre moyen de feuilles par jour et par place	Nombre moyen de feuilles par heure et par place
Octobre	216	24.0
Novembre	208	23.1
Décembre	211	23.5
Janvier	216	24.0
Février	214	23.8
Moyennes	213	23.66

Voici maintenant un tableau indiquant pour une autre verrerie, la production moyenne de 14 souffleurs faisant des verres minces et travaillant avec des cueilleurs :

MOIS	Nombre moyen de feuilles par jour et par place	Nombre moyen de feuilles par heure et par place
Octobre	210	23.4
Novembre	208	23.1
Décembre	223	24.8
Janvier	209	23.2
Février	210	23.3
Moyennes	212	23.58

Ces deux tableaux comparatifs démontrent suffisamments que la production ne diminue pas quand les équipes travaillent sans cueilleurs. Cela peut paraître anormal mais quand on examine attentivement comment travaillent les ouvriers on se rend facilement compte de ce résultat. En effet, quand une équipe possède un cueilleur la somme ou plutôt le temps de travail fourni par le souffleur est minime relativement au travail du gamin. La différence est même tellement grande que lorsqu'on supprime le cueilleur, le souffleur peut facilement faire les paraisons pendant que le gamin fait tous les cueillages. Quant au gamin, qui fait les paraisons quand il a un cueilleur, il fait par contre tous les cueillages quand on lui enlève cet auxilliaire; sa besogne n'est plus la même, mais elle reste de la même importance. En résumé, c'est le souffleur qui, indirecment, fait la part de besogne du cueilleur supprimé. Or, dans ce cas il n'a pas de pourboire à payer au gamin. S'il travaille un peu plus, ce qui ne veut pas dire trop, son salaire se trouve augmenté en même temps : il y a donc compensation.

Au point de vue du salaire, le gamin qui perd son pourboire, bénéficie par contre d'une majoration de 15 °/₀, ce qui équivaut à une augmentation importante. Or, il est un fait indéniable, c'est que les salaires des souffleurs et ceux des gamins sont trop disproportionnés surtout si on tient compte de la somme de travail fournie par chacun de ces ouvriers. Si les vœux que je vous propose étaient adoptés et que l'organisation du travail que je préconise fût réalisée, il est probable que les maîtres de verreries à vitres augmenteraient les salaires des gamins de la somme affectée actuellement au salaire du cueilleur et ce serait justice.

Je crois avoir suffisamment établi qu'il est possible de supprimer le travail de nuit des cueilleurs tout en sauvegardant les intérêts des ouvriers et ceux des patrons et sans nuire à l'apprentissage. Cependant je crois utile de vous parler de deux cas particuliers : le soufflage des grandes mesures et celui des verres destinés à la photographie.

Sur les grandes places, qui font des canons pesant jusque 36 livres, le gamin pourrait difficilement cueillir seul une telle quantité de verre. Seulement les cueilleurs de ces équipes sont presque toujours adultes et cela se comprend facilement si on envisage la grande quantité de verre à cueillir. D'ailleurs en supposant que dans certaines verreries les cueilleurs des grand'places soient âgés de moins de 18 ans, il est indispensable qu'ils aient plus de 16 ans, car le poids de verre qui peut être cueilli par les enfants au-dessous de cet âge est fixé à 1000 grammes par l'article 7 du décret du 13 mai 1893 ; il n'y aurait donc pas un grand effort à faire pour n'occuper que des cueilleurs adultes sur ces grand'places.

Il me reste maintenant à vous dire quelques mots de la fabrication du verre destiné aux plaques photographiques et appelé couramment verre photo.

Il y trois sortes de verre photo : le photo ordinaire, le photo mince et l'extra mince ; ce dernier a une épaisseur de 7 dixièmes de millimètre.

Le verre photo ordinaire est de beaucoup le plus courant, son épaisseur est à peu près celle du verre simple à vitres et sa fabrication ne diffère pas sensiblement de celle de ce dernier ; il n'y a donc aucun inconvénient à supprimer les cueilleurs des équipes.

Les canons de verre photo mince et extra mince sont soufflés avec tant de rapidité qu'il serait impossible à un gamin d'arriver à faire les cueillages ; le cueilleur paraît donc indispensable. Seulement comme la fabrication de ce genre de verre est très minime et qu'elle n'occupe généralement que deux et quatre places dans les verreries les plus importantes, il n'y aurait pas une grande difficulté à organiser le travail de façon à faire souffler ces verres pendant le jour. Comme conclusion je vous propose d'émettre le vœu suivant :

L'Association du Nord pour la Protection légale des Travailleurs renouvelle ses vœux de Mars 1909 relatifs à la suppression, pour un certain nombre d'industries et de travaux, de l'autorisation accordée par le décret du 15 Juillet 1893 (art. 4) de faire travailler de nuit les enfants dans les usines à feu continu, suppression que permet le changement des conditions techniques depuis le décret du 15 Juillet 1893. Et en outre, considérant de nouvelles modifications survenues récemment, elle émet le vœu que soit également supprimée l'autorisation de faire travailler la nuit les enfants de moins de 18 ans dans les verreries à vitres en vue de « présenter les outils, faire les premiers cueillages, aider au soufflage. »

DISCUSSION

M. DASSONVILLE, président. — Je remercie vivement M. Lévêque de son rapport qui vient apporter un heureux complément à celui qu'il nous avait présenté en 1909.

Je voudrais lui demander quelques explications. Une des raisons qui ont amené M. Lévêque à proposer la suppression du travail de nuit des cueilleurs dans les verreries à vitres, consiste dans l'expérience qui a été faite *du système des 3 équipes en 24 heures*, substitué au système des 3 équipes en 28 heures 1/2 qui est la règle dans la verrerie à vitres. Mais n'existe-t-il pas certains inconvénients dans le système des 3 équipes en 24 heures que ne présente pas le système des 3 équipes en 28 heures 1/2 ?

M. BOURRILLON. — Et s'il n'y a pas d'inconvénients techniques, pourquoi donc ce système n'a-t-il pas été expérimenté plus tôt, puisque le système des 3 équipes en 24 heures existe dans la verrerie à bouteilles ?

M. LÉVÊQUE. — L'origine de l'organisation du travail en trois équipes travaillant chacune 9 heures, est assez mal connue. Il paraît qu'autrefois les ouvriers travaillaient, en principe, 8 heures par jour, mais que peu à peu ils ont augmenté la durée de leur travail et de leur repos en arrivant toujours en retard au travail. C'est pour cela qu'on dit couramment : travailler avec 4 heures 1/2 de retard, par exemple, ce qui signifie que l'équipe qui commence à travailler à 2 heures du soir, reviendra au travail le lendemain 4 heures 1/2 plus tard, soit à 6 heures 1/2.

Malgré les inconvénients que je vous ai signalés dans mon rapport, les ouvriers préfèrent l'organisation actuelle au système des trois huit, pour les raisons suivantes.— D'abord ils tirent un premier argument de ce qu'avec le travail de 9 heures, deux équipes font cinq postes de travail par semaine et la troisième équipe, 6 postes. Tandis que si on organisait le travail de 8 heures, deux équipes feraient 6 postes et la 3e équipe 7 postes ; les ouvriers feraient donc un poste en plus par semaine.— Vient ensuite l'argument relatif à la durée du repos qui est de 19 heures 1/2 quand on travaille 9 heures et de 16 heures quand on travaille 8 heures. Cet argument ne paraît pas très fondé, car si la durée du repos est diminuée, celle du travail l'est également et la diminution de la durée du travail a toujours été considérée comme une amélioration des conditions ouvrières. — Il y a encore un 3e argument qui consiste à prétendre que l'organisation actuelle est préférable parce qu'elle n'oblige pas les ouvriers à travailler toute une semaine pendant la nuit. Cela est vrai : seulement je ne crois pas que cette raison ait une grande valeur auprès des inconvénients de l'irrégularité des heures de travail et de repos. On conçoit difficilement, en effet, que des hommes et surtout des enfants aiment se lever tantôt à 11 heures du soir, tantôt à 2 heures du matin pour se rendre au travail. Cet inconvénient est tellement grave que dans une verrerie les parents qui n'étaient pas eux-mêmes verriers refusaient d'envoyer leurs enfants à la verrerie à cause de cette irrégularité dans le travail. Il en est résulté une pénurie de cueilleurs telle que le patron a été obligé d'organiser le travail de 8 heures par 24 heures.

Au point de vue technique il n'y a aucune différence entre le travail de 9 heures et celui de 8 heures; aussi les patrons adopteraient-ils ce dernier sans difficulté. Toute l'opposition viendrait des ouvriers qui préfèrent l'organisation actuelle pour les raisons que je vous ai signalées mais surtout par routine.

M. Aftalion. — Le premier fait nouveau qui a déterminé M. Lévêque à demander la suppression du travail de nuit des enfants employés comme cueilleurs dans les verreries à vitres est donc bien l'expérimentation qu'il estime très heureuse du système des trois équipes en 24 heures.

A cela s'ajoute un second fait nouveau, c'est la *possibilité de travailler sans cueilleur* que lui a prouvée une seconde expérience faite dans un autre établissement. Mais alors on pourrait aussi renoncer au travail des enfants employés comme cueilleurs même pendant le jour.

M. Lévêque. — Oui, seulement cette suppression complète des cueilleurs rendrait l'apprentissage impossible, ce qui serait désastreux pour l'avenir de la verrerie.

M. Aftalion. — Pour nous en tenir au seul travail

de nuit les raisons qui ont déterminé jusqu'ici l'emploi d'enfants comme cueilleurs la nuit, sont donc au nombre de 3 :

a) La diminution de production qui pourrait résulter de la suppression du cueilleur la nuit.

b) La volonté du souffleur dont le labeur est directement diminué par la présence du cueilleur.

c) Les nécessités de l'apprentissage.

M. MASSON (de Béthune). — Il y a encore une 4e raison : c'est le désir de certains souffleurs de trouver à leurs enfants un travail assez rémunérateur en les faisant embaucher comme cueilleurs.

M. LÉVÊQUE. — C'est cela. Or, j'ai déjà répondu aux deux dernières objections en montrant que les enfants pourront continuer à travailler dans les deux équipes de jour, dans les 16 heures qui vont de 5 heures du matin à 9 heures du soir. Quant à la 1re raison, relative à la diminution de la production, je vous ai démontré dans mon rapport qu'elle n'est pas fondée.

Il ne reste donc que l'opposition des ouvriers souffleurs. Les souffleurs qui sont les spécialistes de la verrerie n'ignorent pas l'importance de leur rôle et en abusent peut-être un peu pour se faire payer de gros salaires au détriment des autres ouvriers verriers, et surtout pour rejeter sur leurs aides toute la besogne qui ne doit pas nécessairement être faite par eux. D'un autre côté et toujours pour les mêmes motifs, les patrons qui ne peuvent se passer des services des ouvriers souffleurs évitent de les mécontenter. Il est certain que si les patrons prenaient l'initiative de supprimer le travail de nuit des cueilleurs ils trouveraient une grande résistance de la part des souffleurs. Cette initiative venant de l'action légale ou réglementaire, je pense qu'il n'y aura que peu ou pas d'opposition.

M. LE PRÉSIDENT. — Mais les souffleurs ne protesteront-ils pas contre la loi ? Ne se mettront-ils pas en grève ?

M. ROBERT. — Le souffleur est un ouvrier qu'on ne veut pas mécontenter. C'est l'ouvrier d'art du métier. Il préfère actuellement un salaire un peu moindre pour un labeur un peu moindre, parce qu'il touche de hauts salaires. Mais il s'inclinerait devant une loi. Il ferait lui-même la paraison.

M. MORIN. — Il pourra d'autant plus facilement accepter ce léger surcroît de labeur qu'il travaillera 8 heures au lieu de 9.

M. AFTALION. — La suppression du cueilleur dans l'équipe de nuit entraînera nécessairement cette conséquence que le cueilleur ne fera pas toujours partie de la même équipe. Le souffleur ne se plaindra-t-il pas de la désorganisation de son équipe ? Ne tient-il pas à travailler avec le même cueilleur constamment.

M. BOURRILLON. — Dans la verrerie à bouteilles ce serait là une grosse objection.

M. LÉVÊQUE. — Je vous ai dit que sur chaque place doublée, c'est-à-dire composée de deux souffleurs et deux gamins, il n'y a qu'un cueilleur. Déjà de ce fait le cueilleur travaille avec deux souffleurs différents. Lorsque l'un de ces souffleurs est indisposé pour une raison quelconque il est remplacé par un relai, donc,

3e souffleur. Si l'autre souffleur est également indisposé, vient un autre relai : 4e souffleur. Le cueilleur travaille donc déjà actuellement avec quatre souffleurs différents.

Or il est facile d'organiser le travail de façon à ce que les cueilleurs étant supprimés de l'équipe de nuit, les deux équipes de jour ne travaillent qu'avec deux équipes différentes, ce qui fait que chaque cueilleur travaillera couramment avec quatre souffleurs différents. On peut même organiser le travail de façon que le cueilleur reste pendant deux semaines avec la même équipe. Pour toutes ces raisons je ne pense pas que ces changements d'équipes soient une grosse objection.

Il n'en serait pas de même s'il s'agissait de faire travailler les souffleurs avec des gamins différents : le gamin est l'aide immédiat du souffleur ; son travail est lié intimement à celui de ce dernier. Il n'en est pas de même du cueilleur qui n'est qu'un auxiliaire dont on peut se passer et qui travaille avec deux équipes différentes.

En ce qui concerne la verrerie à bouteilles, je n'ai pas étudié la possibilité de supprimer les cueilleurs dans les équipes de nuit de ces usines. Mais je dois signaler une très grande différence entre l'organisation du travail du soufflage des vitres et celui du soufflage des bouteilles. En verrerie à bouteilles il y a sur chaque place un souffleur, un grand garçon et un cueilleur. Il y a donc un cueilleur pour trois ouvriers, tandis que sur les places des verreries à vitres il y a un cueilleur pour cinq ouvriers. La proportion est très différente. En outre il y a beaucoup plus d'activité chez les ouvriers verriers à bouteilles que chez les verriers à vitres. Le souffleur de bouteilles travaille incessamment. Il ne descend jamais de sa place si ce n'est pour les repos réguliers : supprimer son cueilleur serait très probablement diminuer sa production. Les souffleurs de vitres au contraire travaillent à deux au même ouvreau : quand l'un souffle, l'autre se repose ou coupe les capes de ses canons. Il y a là une différence essentielle qui ne permet pas d'appliquer aux verriers à bouteilles ce que j'expose pour les verreries à vitres.

M. Aftalion. — La réforme préconisée par M. Lévêque est donc très praticable. Il peut être répondu aux diverses objections possibles. Comme en 1909, il me semble que nous sommes en droit de demander au pouvoir réglementaire de mettre le décret de 1893 en harmonie avec les faits nouveau en interdisant le travail de nuit des cueilleurs dans les verreries à vitres.

Nous sommes d'autant plus fondés à réclamer la diminution du nombre des enfants employés la nuit dans les verreries que nous ne ferions par là qu'accélérer un mouvement naturel. Il est très intéressant de constater comme l'a fait M. Lévêque, que depuis 1909 le nombre des enfants employés la nuit dans les verreries a diminué de 600. Au lieu de 5.400 ils ne sont plus que 4.800. M. Lévêque pourrait-il nous dire quelles sont les raisons de cette diminution ?

M. Lévêque. — Les raisons sont assez nombreuses. Autrefois au four de soufflage de verrerie à vitres il y avait des maniqueurs enfants qui, au moyen d'un appareil appelé manique, manœuvraient les portes qui ferment les ouvreaux ; actuellement un dispositif approprié permet de faire exécuter cette manœuvre par le gamin ou le cueilleur. Aux étenderies il y avait un aiguilleur par four : l'aiguilleur ou tireur de feuilles, est l'enfant qui retire du four les feuilles de verres étendues et recuites. Depuis quelques années la pénurie d'enfants a obligé les maîtres de verreries à occuper comme aiguilleur des jeunes gens âgés d'au moins 16 ans et souvent même des adultes. Ils font alors le service à deux fours. Toujours aux étenderies, il y a également une diminution d'enfants occupés la nuit; mais cette diminution là je ne vous la signale pas comme un progrès. Dans certaines verreries les ouvriers des étenderies travaillent 8 heures par 24 heures en suivant l'organisation que je préconise pour les équipes de soufflage.

La pénurie d'enfants est tellement grande que les fonctions de pousseur de canons et de tireur de feuilles sont remplies par des jeunes filles pendant le travail des deux équipes de jour; et alors inévitablement les garçons qui composent la 3e équipe sont toujours de nuit. Rien dans la loi du 2 novembre 1892 ni dans le décret du 15 Juillet 1893 ne permet d'empêcher ce travail inqualifiable. Il y a là dans la réglementation une lacune que je vous signale en passant.

M. Aftalion. — A combien d'enfants bénéficierait la réforme proposée?

M. Lévêque. — Il est impossible d'établir ce chiffre. M. Aftalion m'a déjà posé la même question en 1909 et je n'ai pu lui répondre avec précision. Mais on peut faire certaines évaluations. Dans les verreries à bouteilles les porteurs représentent environ la moitié des enfants occupés la nuit. Dans les verreries à vitres les cueilleurs représentent également la moitié des enfants occupés la nuit. Comme ces deux genres de verreries sont à peu près les seules qui emploient des enfants nuit et jour, nous pouvons dire que par notre vœu actuel et par celui de 1909 nous demandons la suppression de la moitié des enfants occupés la nuit dans les verreries.

M. Aftalion. — Il n'en resterait plus que 2.400 si les réformes que nous demandons étaient appliquées. Par la double action des mœurs et du pouvoir réglementaire au lieu de 5.400 enfants employés la nuit dans les verreries en 1909, il n'y en aurait plus que 2.400. Ce serait une diminution de 3.000.

M. Bourrillon. — Mais la suppression des enfants au transport est-elle possible pour les bouteilles champenoises ?

M. Lévêque. — La question est assez complexe, mais je ne la crois pas insoluble. Il est vrai qu'on prétend que la recuisson de la bouteille champenoise doit durer six jours pour faire acquérir au verre toute la solidité nécessaire, et que, comme conséquence de cette recuisson lente, les verreries champenoises possèdent de nombreux fours à recuire intermittents. Le point d'arrivée des bouteilles, qui est justement le four à recuire, n'étant pas fixe, il est très difficile d'établir un transporteur mécanique. Seulement si les maîtres de verreries intéressés, qui sont certainement les personnes les plus compétentes en l'espèce, voulaient bien chercher une solution, il est certain qu'ils la trouveraient.

On pourrait d'abord étudier s'il est indispensable que la recuisson se fasse en six jours. Si j'en crois une personne compétente et digne de foi, ce laps de temps pourrait être réduit considérablement, ce qui évidemment diminuerait le nombre des fours à recuire. On m'a en outre affirmé qu'il était possible de faire la bouteille champenoise dans les verreries ordinaires qui recuisent en 18 ou 20 heures : l'expérience aurait été faite et les bouteilles fabriquées de cette façon répondaient à toutes les conditions requises.

D'autre part les fourneaux mobiles inventés récemment ne pourraient-ils pas être utilisés ? Je crois même que les transporteurs actuels pourraient être employés dans les verreries champenoises après une légère modification qui consisterait, par exemple, à suspendre les appareils d'arrivée des bouteilles à une potence mobile sur rails. Mais, je le répete, on doit chercher.

M. Aftalion. — Vous nous aviez fait espérer, M. Lévéque, en 1909, que peut-être dans les verreries à vitres l'emploi des enfants employés à l'étendage pourrait être prochainement supprimé par suite de certaines inventions.

M. Lévêque. — L'évènement que j'attendais ne s'est pas réalisé. Il s'en est produit un autre qui montre combien le mouvement naturel est en effet vers la diminution de l'emploi d'enfants dans les verreries; c'est l'introduction imminente de l'industrie mécanique de la verrerie en France.

Je n'ai jamais vu le travail mécanique de verre à vitres et je ne puis vous donner que les renseignements que j'ai lus ou qui m'ont été donnés sur ce qui se passe aux Etats-Unis.

Le soufflage mécanique permet de produire d'énormes canons d'un mètre de diamètre, 8 à 10 mètres de long et en toutes épaisseurs jusqu'au verre triple de 4 à 5 $^{m}/_{m}$. Ce dernier genre de verre pouvant être soufflé mécaniquement en grandes dimensions va concurrencer la glace coulée. Le verre soufflé n'a certainement pas le poli ni la planimétrie mathémathique de la glace : seulement son prix relativement minime permettra aux petits boutiquiers de l'employer pour les devantures de leurs magasins. En dehors de ce verre un peu exceptionnel on souffle mécaniquement tous les genres de verre à vitres, simples, demi-doubles et doubles et même le verre photo ordinaire. Seuls les verres photo minces et extra minces n'ont pas encore été produits par ce procédé.

En ce qui concerne l'organisation de travail il est évident qu'il n'y a pas de souffleurs; ceux-ci sont remplacés par les machines conduites par des ouvriers mécaniciens, électriciens et des manœuvres. L'étendage, par contre, se fait encore par les procédés actuels avec cette différence que les feuilles étant beaucoup plus grandes, les fours et les pierres à étendre sont de dimensions plus considérables; il en résulte immédiatement que les pierres sont plus lourdes et ne peuvent être poussées à la main ; la manœuvre est faite mécaniquement par des adultes; il y aura certainement un appareil de levage approprié qui remplacera les pousseurs de canons des étenderies actuelles. Donc en résumé il n'y aura pas d'enfants occupés à la production. Donc, pas d'enfants la nuit. Il se peut par contre que des enfants soient occupés le jour à des travaux nécessaires, tels que le découpage, l'emballage, etc...

L'introduction de la verrerie mécanique en France aurait certainement une grosse répercussion économique si elle se produisait brusquement ; ce qui n'aura probablement pas lieu. Cependant il faut s'attendre à la disparition de certaines des verreries à vitres actuelles.

Il y a quelques années la Belgique qui est une grande productrice de verre, exportait une bonne partie de sa production en Amérique. Aujourd'hui, grâce à leurs machines, les Américains n'achètent que peu de verre en Belgique. Le même fait se produit en France avec moins d'intensité, puisque la France produit moins et consomme plus que la Belgique. Seulement comme ce dernier pays produit à un prix de revient inférieur à celui des verriers français, il importe du verre chez nous. De tout cela il résulte une surproduction et conséquemment une baisse de prix de vente. Quand nous aurons le soufflage mécanique, la surproduction sera encore beaucoup plus forte et il est à peu près certain que les industriels qui produiront le verre mécaniquement à un prix de revient très inférieur, baisseront les prix de vente pour écouler leur production. Les verreries actuelles ne pourront certainement pas soutenir la concurrence.

M. Boileau. — Le nombre d'ouvriers n'est-il pas très diminué dans les verreries mécaniques ?

M. Lévêque. — Il est certain qu'il y aura une très grande diminution du nombre des ouvriers.

M. Aftalion. — Le texte des vœux que nous avons adoptés en 1909 et qui grâce à M. l'abbé Lemire a été voté à la Chambre, n'a-t-il pas été accepté aussi par la Chambre de Commerce de Douai où figurent des patrons appartenant aux industries visées par nous ?

M. Lévêque. — En effet, M. Chappuy, maître de Verrerie à bouteilles à Douai, a présenté un rapport sur le travail de nuit des enfants dans les usines à feu continu à la séance de la Chambre de Commerce de

Douai du 9 février 1911. Après avoir entendu ce rapport, la Chambre de Commerce a émis le vœu proposé par M. Chappuy et dont je vais vous donner lecture :

La Chambre de Commerce, considérant qu'il n'est pas possible dans l'état actuel des choses, de supprimer complètement le travail de nuit des enfants dans toutes les industries à feu continu sans distinction, sans porter à certaines d'entre elles, un coup fatal dont elles ne se relèveraient sans doute pas ;

Considérant que cette mesure, toute souhaitable qu'elle soit, ne saurait être appliquée par la France seulement, mais devrait résulter d'une entente internationale, de façon à placer tous les pays producteurs concurrents sur un même pied d'égalité ; que, jusqu'à ce jour, les congrès réunis à cet effet, ne sont pas arrivés à se mettre d'accord dans ce sens ;

Considérant que, vu le petit nombre d'enfants employés de nuit dans les distilleries de betteraves, les sucreries et raffineries, les émailleries, les huileries, les papeteries, il serait possible de les supprimer complètement, sans nuire considérablement à la prospérité de ces usines ;

Considérant que, pour la métallurgie, la proportion des enfants utilisés la nuit est plus grande et que cette industrie est aux prises avec une concurrence étrangère intense ; que la suppression des enfants constituerait pour elle une charge qu'elle aurait peine à supporter ;

Considérant notamment, que pour les verreries où les enfants sont, dans tous les pays voisins, employés proportionnellement en assez grand nombre, leur suppression, la nuit, apporterait une perturbation considérable dans l'organisation du travail ; que les verreries françaises actuellement ne parviennent qu'avec peine à lutter contre les concurrences étrangères, et que si elles étaient seules à devoir supporter semblable perturbation dans leur fabrication, elles succomberaient fatalement.

Considérant que, jusqu'à ce jour, aucun moyen pratique n'a été trouvé pour remplacer les cueilleurs dont le travail est intimement lié à celui du verrier; que le cueilleur ne peut pas être supprimé; mais que le service des moules et que le transport des produits aux fours à recuire semblent pouvoir être effectués le plus souvent par des moyens mécaniques;

Considérant que les griefs allégués par M. l'abbé Lemire au sujet des verreries sont notoirement exagérés et témoignent d'un parti pris évident, car ils ne répondent pas à la généralité des faits, mais à des exceptions et des abus qu'il y a lieu de réprimer isolément; que ces abus, du reste sont étrangers au travail de nuit et pourraient persister le jour, même si le travail de nuit était supprime;

Considérant qu'il y a lieu, du reste, d'apporter une distinction entre les diverses spécialités de l'industrie du verre qui peuvent être rangées dans les quatre groupes principaux suivants : les gobeletteries, les cristalleries, les verreries à bouteilles, les verreries à vitres; que les conditions du travail et de traitement des enfants, sont différents dans chacune d'elles et qu'il devrait être fait une enquête en vue de reconnaître sur quels points portent les abus signalés;

Considérant que les modifications ci-dessus indiquées comme pouvant être faites au travail de nuit des enfants nécessiteraient des changements importants dans l'organisation du travail de certaines usines; que ces changements ne sauraient être effectués dans le délai de six mois, mais réclameraient au minimum deux années,

Est d'avis :

Qu'après un minimum de deux années, l'article 4 du décret du 15 Juillet 1893 soit modifié comme suit :

Dans les usines à feu continu, où des enfants du sexe masculin sont employés la nuit, les travaux tolérés pour cette catégorie de travailleurs sont les suivants :

Usines métallurgiques. — *Aider aux travaux accessoires de laminage et de martelage.*

VERRERIES A VITRES. — *Présenter les outils, faire les premiers cueillages, aider au soufflage. Porter dans les fours à recuire et retirer les objets.*

VERRERIES A BOUTEILLES, GOBELETTERIES ET CRISTALLERIES. — *Présenter les outils, faire les premiers cueillages, aider au soufflage.*

Comme vous le voyez, M. Chappuy n'a fait que reproduire le vœu que nous avons émis en 1909 avec cette seule différence qu'il demande le maintien des cueilleurs la nuit dans les gobeletteries et les cristalleries. Ce maintien n'intéresse que quelques usines fabriquant de très petites pièces ou des verres spéciaux colorés.

M. AFTALION. — Ceci prouve combien la réforme que nous avons demandée est modeste, urgente et répond bien aux nouvelles conditions techniques. Il serait vraiment désirable que le pouvoir réglementaire nous donnât prompte satisfaction, en attendant que par une mesure nationale ou internationale on pût aller plus loin.

M. DASSONVILLE, président. — Il faut espérer que l'addition à nos vœux de 1909, aujourd'hui proposée par M. Lévêque, obtiendra aussi l'approbation patronale. Je mets aux voix le texte proposé par M. Lévêque.

Le texte est adopté.

TEXTE DU VŒU ADOPTÉ

L'Association du Nord pour la protection légale des travailleurs renouvelle ses vœux de mars 1909 relatifs à la suppression, pour un certain nombre d'industries et de travaux, de l'autorisation accordée par le décret du 15 juillet 1893 (art. 4) de faire travailler de nuit les enfants dans les usines à feu continu, suppression que permet le changement des conditions techniques depuis le décret du 15 juillet 1893. Et, en outre, considérant de nouvelles modifications survenues récemment, elle émet le vœu que soit également supprimée l'autorisation de faire travailler de nuit les enfants de moins de 18 ans dans les verreries à vitres en vue de « présenter les outils, faire les premiers cueillages, aider au soufflage ».

TABLE DES MATIÈRES

TROISIÈME SÉRIE

I. *L'interdiction de la céruse dans l'industrie de la peinture.* — Rapport de M. J.-L. Breton, député.

II. *La Conférence officielle de Berne.* — Rapport de M. A. Millerand, président de l'Association.

III. *Le Contrôle de la durée du travail.* — Rapport de M. Georges Alfassa.

IV. *La protection légale des enfants occupés hors de l'industrie.* — I. *La loi anglaise.* — Rapport de M. Edouard Dolléans.

V. *La protection légale des enfants occupés hors de l'industrie.* — II. *La loi allemande.* — Rapport de M. Henry Moysset.

VI. *La protection légale des enfants occupés hors de l'industrie en France.* — III. *La Situation en France.* — Communications de MM. l'abbé Meny, Hemarlino, Mlle Blondelu, MM. Georges Piot, Raoul Jay, Léon Vignols.

VII. *De l'extension de la loi du 29 décembre 1900 aux femmes employées dans l'industrie.* — Rapport de Mme de la Ruelle, inspectrice du travail.

VIII. *La grève et l'organisation ouvrière.* — Communication de M. A. Millerand, président de l'Association.

Chaque brochure : **0 fr. 60**

L'ensemble de ces brochures forme un volume de **3 fr. 50** sous le titre :

LA PROTECTION LÉGALE DES TRAVAILLEURS

(Troisième série 1905-1906)

Rapports présentés à l'Assemblée de Genève (1906) par la Section française

Le travail de nuit des adolescents dans l'industrie française. — Rapport de M. Martin-Saint-Léon. — Brochure, **0 fr. 60.**

Les poisons industriels. — Rapport de M. Georges Alfassa. — Brochure, **0 fr. 60.**

L'assurance ouvrière et les ouvriers étrangers. — Rapport de M. Henri Barrault. — Brochure, **0 fr. 10.**

La limitation légale de la journée de travail en France. — Rapport de Raoul Jay. — Brochure, **0 fr. 60.**

Le travail à domicile en France. — Rapport de MM. Paul Pic et A. Amieux. — Br., **0,30**

QUATRIÈME SÉRIE

LE CONTRAT DE TRAVAIL (Examen du projet de loi du Gouvernement). — Rapports de M. Perreau, professeur à la Faculté de Droit de Paris, et de M. Fagnot, enquêteur au Ministère du Travail. — 1 volume, **3 fr. 50.**

Rapports présentés au Congrès de Lucerne (1908) par la Section française

Le travail de nuit des enfants dans les usines à feu continu. — Rapport de M. Fagnot.

Le travail industriel des enfants. — Rapport de M. Georges Alfassa.

La réalisation de l'égalité entre nationaux et étrangers. — Rapport de M. A. Boissard.

Chaque brochure : **0 fr. 60.**

CINQUIÈME SÉRIE

I. et II. *La Conciliation dans les conflits collectifs et les travaux de la section du Nord de l'Association.* — Rapport de M. Aftalion. — *La loi du 7 mars 1750 et le Mesurage du travail à la tâche.* — Rapport de M. Ad. Boissard. — B., **1,20**

III. *Le contrat de travail et le Code civil.* — Rapports de MM. Perreau et Groussier. 1 volume, **3 fr. 50.**

IV. *La Réforme de l'inspection du travail en France.* — Rapport de M. Eugène Petit. 1 volume, **3 fr. 50.**

V. *Collaboration des ouvriers organisés à l'œuvre de l'inspection du travail.* — Rapport de M. Henri Lorin. — 1 volume, **3 fr. 50.**

VI. *Les Accidents du travail dans l'Agriculture.* — Rapport de M. Henri Capitant. — 1 volume, **3 fr. 50.**

Cinquième Série bis

PUBLICATIONS DE LA SECTION DU NORD

I. *Les fonds de chômage communaux.* — Rapport de M. DE LAUWEREYNS DE ROOSENDAELE. — 0 fr. 60

II. *L'application dans le Nord et la Révision des Décrets de 1899 sur les conditions du travail dans les marchés publics.* — Rapports de MM. BARGERON et MASSON. Brochure, 1 fr.

III. *Le travail de nuit des enfants dans les usines à feu continu.* — Rapport de M. LÉVÊQUE. — Brochure, 0 fr. 60.

IV. *La prévention des accidents sur les voies ferrées des usines.* — Rapport de M. LÉVÊQUE. — Brochure, 0 fr. 60.

V. *La lutte contre le chômage dans le Nord.* — Rapports de M. DE LAUWEREYNS DE ROOSENDAELE. — 1 fr.

SIXIÈME SÉRIE

I. *Les Problèmes du Chômage.* — Rapport de MM. F. FAGNOT, Max LAZARD, Louis VARLEZ. — 1 volume, 3 fr. 50.

II. *La Réforme de la Procédure de la Mise en Demeure.* — Rapport de M. E. BRIAT. 1 volume, 3 fr. 50.

III. *Le Travail de Nuit dans les Boulangeries.* — Rapport de M. Justin GODART. — 1 volume, 1 fr. 25.

Sixième Série bis

PUBLICATIONS DE LA SECTION DU NORD

I. et II. *La Réglementation légale de la Durée du Travail des employés.* — Rapport de M. DEPITRE. — *La Réduction du nombre des Enfants employés la Nuit dans les Verreries.* — Rapport de M. LÉVÊQUE. — Brochure, 1 fr. 50.

Ces publications sont servies aux membres de l'Association.

L'Association nationale française examine et discute dans ses réunions périodiques les questions de législation du travail à l'ordre du jour. Elle publie le compte rendu de ses discussions.

Sont membres de l'Association les personnes et les sociétés qui considèrent la législation protectrice des travailleurs comme nécessaire et adhèrent aux statuts de l'Association.

La cotisation annuelle est fixée à 10 francs. Elle est réduite à 3 francs pour les personnes ou les sociétés qui ne demandent pas à recevoir les publications de l'Office international.

Les adhésions sont reçues par le trésorier de l'Association : M. Léon DE SEILHAC, délégué permanent du Musée Social, 5, rue Las-Cases ; et pour la Section du Nord, par M. LABBÉ, inspecteur général de l'Enseignement technique, 18, rue Camille Desmoulins, à Lille.

COOP. LA GUTENBERG, RUE DESROUSSEAUX, LILLE

www.ingramcontent.com/pod-product-compliance
Ingram Content Group UK Ltd.
Pitfield, Milton Keynes, MK11 3LW, UK
UKHW020354230726
13925UKWH00003B/1119

9 782014 026030